统御之道

政论专著与文化内涵

肖东发 主编　韩 喻 编著

中国出版集团

现代出版社

图书在版编目（CIP）数据

统御之道 / 韩喻编著. — 北京：现代出版社，
2014.10（2021.7重印）
　　（中华精神家园书系）
　　ISBN 978-7-5143-2968-1

　　Ⅰ．①统… Ⅱ．①韩… Ⅲ．①管理学－思想史－中国
－古代 Ⅳ．①C93-092

中国版本图书馆CIP数据核字（2014）第236565号

统御之道：政论专著与文化内涵

主　　编：肖东发
作　　者：韩　喻
责任编辑：王敬一
出版发行：现代出版社
通信地址：北京市定安门外安华里504号
邮政编码：100011
电　　话：010-64267325　64245264（传真）
网　　址：www.1980xd.com
电子邮箱：xiandai@cnpitc.com.cn
印　　刷：三河市嵩川印刷有限公司
开　　本：710mm×1000mm　1/16
印　　张：11
版　　次：2015年4月第1版　　2021年7月第3次印刷
书　　号：ISBN 978-7-5143-2968-1
定　　价：40.00元

党的十八大报告指出："文化是民族的血脉，是人民的精神家园。全面建成小康社会，实现中华民族伟大复兴，必须推动社会主义文化大发展大繁荣，兴起社会主义文化建设新高潮，提高国家文化软实力，发挥文化引领风尚、教育人民、服务社会、推动发展的作用。"

我国经过改革开放的历程，推进了民族振兴、国家富强、人民幸福的中国梦，推进了伟大复兴的历史进程。文化是立国之根，实现中国梦也是我国文化实现伟大复兴的过程，并最终体现为文化的发展繁荣。习近平指出，博大精深的中国优秀传统文化是我们在世界文化激荡中站稳脚跟的根基。中华文化源远流长，积淀着中华民族最深层的精神追求，代表着中华民族独特的精神标识，为中华民族生生不息、发展壮大提供了丰厚滋养。我们要认识中华文化的独特创造、价值理念、鲜明特色，增强文化自信和价值自信。

如今，我们正处在改革开放攻坚和经济发展的转型时期，面对世界各国形形色色的文化现象，面对各种眼花缭乱的现代传媒，我们要坚持文化自信，古为今用、洋为中用、推陈出新，有鉴别地加以对待，有扬弃地予以继承，传承和升华中华优秀传统文化，发展中国特色社会主义文化，增强国家文化软实力。

浩浩历史长河，熊熊文明薪火，中华文化源远流长，滚滚黄河、滔滔长江，是最直接的源头，这两大文化浪涛经过千百年冲刷洗礼和不断交流、融合以及沉淀，最终形成了求同存异、兼收并蓄的辉煌灿烂的中华文明，也是世界上唯一绵延不绝而从没中断的古老文化，并始终充满了生机与活力。

中华文化曾是东方文化摇篮，也是推动世界文明不断前行的动力之一。早在500年前，中华文化的四大发明催生了欧洲文艺复兴运动和地理大发现。中国四大发明先后传到西方，对于促进西方工业社会的形成和发展，曾起到了重要作用。

中华文化的力量，已经深深熔铸到我们的生命力、创造力和凝聚力中，是我们民族的基因。中华民族的精神，也已深深植根于绵延数千年的优秀文化传统之中，是我们的精神家园。

总之，中华文化博大精深，是中国各族人民五千年来创造、传承下来的物质文明和精神文明的总和，其内容包罗万象，浩若星汉，具有很强的文化纵深，蕴含丰富宝藏。我们要实现中华文化伟大复兴，首先要站在传统文化前沿，薪火相传，一脉相承，弘扬和发展五千年来优秀的、光明的、先进的、科学的、文明的和自豪的文化现象，融合古今中外一切文化精华，构建具有中国特色的现代民族文化，向世界和未来展示中华民族的文化力量、文化价值、文化形态与文化风采。

为此，在有关专家指导下，我们收集整理了大量古今资料和最新研究成果，特别编撰了本套大型书系。主要包括独具特色的语言文字、浩如烟海的文化典籍、名扬世界的科技工艺、异彩纷呈的文学艺术、充满智慧的中国哲学、完备而深刻的伦理道德、古风古韵的建筑遗存、深具内涵的自然名胜、悠久传承的历史文明，还有各具特色又相互交融的地域文化和民族文化等，充分显示了中华民族的厚重文化底蕴和强大民族凝聚力，具有极强的系统性、广博性和规模性。

本套书系的特点是全景展现，纵横捭阖，内容采取讲故事的方式进行叙述，语言通俗，明白晓畅，图文并茂，形象直观，古风古韵，格调高雅，具有很强的可读性、欣赏性、知识性和延伸性，能够让广大读者全面接触和感受中国文化的丰富内涵，增强中华儿女民族自尊心和文化自豪感，并能很好继承和弘扬中国文化，创造未来中国特色的先进民族文化。

2014年4月18日

鉴古论今——隋唐论政

天鉴风云——宋明政见

官道之学——清代官箴

诸子百家

　　我国春秋战国时期，神州大地掀起了一场社会变革风暴，在这场摧枯拉朽、势不可当的大变革中，士人作为新出现的阶层，在解决或回答现实问题时，各自提出了不同的政治主张和要求，出现了百家争鸣的局面，促成了我国历史上第一次思想大解放。

　　在当时，政论之说成为士人关注的热点，特别是儒家、道家、纵横家、法家、墨家等"诸子百家"，开创了我国政论理论的先河，产生了一系列相应的专著，奠定了我国思想文化基础，对后世的影响极大。

最早政论集——晏子春秋

晏婴雕塑

　　那是在我国春秋时期，东周王室分封的各个诸侯国势力越来越大，周天子的权威一点一点被削弱了。春秋初期的140多个诸侯列国，经过连年兼并，后来只剩下了几个实力较强的，他们为了争当霸主，不断互相征战。

　　在整个春秋期间，先后有5个诸侯国的国君成为霸主，他们是齐桓公、宋襄公、晋文公、秦穆公和楚庄王，被史家称为"春秋五霸"。

　　齐桓公是齐国国君，是第

《晏子使楚》雕塑

一个称霸的国君。他任用晏婴为相国，加强外交建设。而晏婴不负重托，多次出使，凭着自己过人的智慧和胆识，维护了齐国的利益，捍卫了齐国的尊严。

有一次，晏婴出使楚国，楚国大臣按照礼仪为他洗尘接风，但在席间，双方展开了激烈的辩论。

楚国下大夫首先发问，他说："齐自太公封国建邦以来，煮盐垦田，富甲一方，兵甲数万，足以与楚匹敌。为什么自齐桓公称霸之后，昙花一现，再不能领袖诸侯了呢？齐国国土之宽广，人口之众多，国家之富庶，加上晏相国你的才智，怎么就不能再崛起中原呢？反而前来与我楚国结盟，这太让人费解了啊！"

晏婴答道："识时务者为俊杰，通机变者为英豪，先前自周失政于诸侯之后，诸侯连年征战，春秋五霸迭兴，齐国称霸于中原，秦国威震于西戎，楚国称雄于荆蛮之地，这一切固然有人为的因素，可

周天子 是西周和东周国王的称号。周王朝国君自认为是上天的儿子，故称周天子。周代政权分为西周和东周。西周从公元前1046年到公元前771年，东周自公元前770年到公元前256年。周朝共传30代37位天子，延续约800年时间。

大多数靠的是天意。先前以晋文公的雄才大略，尚且逃亡四方；秦穆公霸于西戎之后，文治武功盛极一时，其死后子孙衰弱，再也难振往日之雄风了。就连你们楚国也一样是在楚庄王之后，常受吴晋两国的骚扰，困苦不堪，难道只有齐国衰弱不成？今日齐国前来交好结盟，这只是邻国之间的友好往来罢了。你作为楚国名臣，应通晓'随机应变'这四个字的含义，怎么也会问出这样的问题呢？"

楚国的下大夫红着脸就退下来了。楚国的上大夫不服气地质问道："您自以为是随机应变之士，然而齐自内乱以来，齐臣为君死的不可计数，而您作为齐国的世家大族，却不能讨伐叛贼，或弃官明志，或为君王而死，您不觉得羞愧吗？为什么还贪恋名誉地位迟迟不肯离去呢？"

晏婴正色反驳道："做大事的人，不必拘泥于小节，人无远虑，

秦穆公塑像

必有近忧。我只知道君主为国家的社稷而死时，做臣子的才应该与之同死，而今先君并非为国家社稷而死，那么我为什么要随随便便从先君而死呢？那些死的人都是愚人，而非忠臣，我虽不才，但又怎能以一死来沽名钓誉呢？况且在国家有变时，我不离去，乃是为了迎立新君，为的是保存齐的宗祖，并非贪图高位！假使每个人都离开了朝中，国家大事又有谁来做呢？并且国家内乱，哪一国没有发生过呢？你们楚国不是也有这种事吗？又何必

责怪我们？"

这时，又有楚臣不满地说道："英雄豪杰，必相貌绝伦，雄伟无比，而今相国您身高不足五尺，手无缚鸡之力，只是个徒逞口舌之利的说客罢了。单单依靠口舌，而没有实际的本领，欺世盗名，不感到可耻吗？"

晏婴道："我听说秤砣虽小，能值千斤，舟桨虽长，不免为水浸没，纣王勇武绝伦，仍旧身死国亡，为什么呢？我承认自己并无出众的本领，愧居相位，却绝不是与您逞口舌之利，只是问有所答罢了。难道让我拒不回答吗？那也太没礼貌了。"

晏婴头脑机灵，能言善辩，善于辞令，既富有灵活性，又坚持原则性，终使楚国大臣们败下阵来。晏婴不辱使命，出色地完成了任务。

晏婴历任齐灵公、齐庄公、齐景公3朝的卿相，辅政长达60余年，德高望重，人称晏子。

晏子从政睿智，爱民，是春秋时期的人才之一。他出使时能够维护国家尊严，在国内辅助国政时，屡谏齐君。他勤政爱民，生活节俭，谦恭下士。西汉著名史学家司马迁非常推崇晏婴，将其比作辅佐齐桓公成为第一霸主、有"春秋第一相"之誉的管仲。

晏婴的言行对当时和后世影响比较大，后人把他的思想、言行、事迹集结成书，并托名晏婴本人所做，形成了《晏子春秋》一书，也叫《晏子》。它是我国最早的政论集。

《晏子春秋》"二桃杀三士"浮雕图

叔向（？—约前528年），姬姓，字叔向，春秋后期晋国贤臣，著名政治家、外交家。他出身晋国公族，历事晋悼公、晋平公、晋昭公3朝，为晋平公傅、上大夫，叔向和晏婴是同时代人，他以正直和才识见称于时，留下了一些重要的政治见解和政治风范。

《晏子》详细地记述了晏婴的生平逸事以及各种传说和趣闻等，由215个小故事相互关联和补充，构成了栩栩如生的完整的晏子形象。

《晏子》分内篇、外篇两部分：内篇分谏上、谏下、问上、问下、杂上、杂下6篇；外篇分上、下2篇。谏上、谏下主要记叙晏婴劝谏齐君的言行。问上、问下主要记叙君臣之间、卿士之间以及外交活动中的问答。杂上、杂下主要是记叙晏婴其他各种各样的事件。外篇2篇内容较为驳杂，与内篇6篇相通而又相别。

晏子在当时很有名望，晋国政治家叔向就曾经向晏子请教："什么样的想法才是高明的呢？什么样的行为才是宽厚的呢？"

晏子回答他说："没有比爱护百姓更高明的想法，没有比让百姓快乐更宽厚的做法。"这就是晏子施政的中心内容，用晏子的话说，就是"意莫高于爱民，行莫厚于乐民"。

在治国方面，晏子非常推崇管仲的做法，遇有灾荒，国家不发粮救灾，他就将自家的粮食分给灾民救急，然后上谏君主赈灾，深得百姓爱戴。

晏子认为，强国富民的根本在于"爱民、举贤、行仁、利世"。《晏子·内篇问上·威当世而服天下》中记载，齐庄公问晏婴："如何能称霸而使天下人悦服呢？"

晏婴回答说："能爱邦内之民者，能服境外之不善；重士民之死力者，能禁暴国之邪逆；任用贤者，能威诸侯；安仁义而乐利世者，能服天下。"

齐庄公听后非常赞成，从那以后他更加信任晏婴。晏婴把齐国治理得非常好，使齐国再次富强了起来。

晏子在书中认为，礼是区别人与禽兽的标准。没有礼，人就成了禽兽。晏子把礼看作是治国的根本，统治百姓的工具，在这一点上，晏子与后来的孔子是很有相似之处的。

《晏子》不仅鲜明地表现了晏子的光辉思想，而且也记载了许多表现晏子优良品质和高尚道德情操的故事，如退思补过、待人宽以约、责人重以周、谦虚谨慎等美德，书中都做了大力宣扬。

在书中，晏子的节俭观念得到了充分表现。晏子认为，节俭是一个贤人的基本品质，所以，他对那些富贵骄奢、铺张浪费的人从心底抱有一种反感。他曾对齐景公的穷奢极欲进行了多次批评，他自己则处处节俭，严格要求和约束自己。

齐景公看到晏子的妻子又老又丑，就想把年轻漂亮的女儿嫁给晏子，晏子拒绝了。晏子的这种糟糠之妻不下堂、忠贞爱情、不背叛老妻的行为与品德，在男尊女卑的时代确实难得。

《晏子》这部书多侧面地记叙了晏婴的言行和政治活动，突出地反映了他的政治主张和思想品格，成为后世许多著名政治家执政为民的指导读本。

阅读链接

齐景公喜欢捉鸟玩，就派臣子烛邹专门管理鸟。可是烛邹不慎让鸟飞走了。齐景公大为恼火，下令杀烛邹。晏子知道这件事后，就请求替齐景公问罪。

晏子对烛邹说："烛邹！你知罪吗？你为国王管鸟却让它逃走，这是第一条罪状；使国王为了鸟而杀人，这是第二条罪状；这事传出，让天下人认为我国重小鸟而轻士人，败坏我们国王的名誉，这是第三条罪状。你真是罪该万死！"说完，他请求齐景公下令斩杀烛邹。这时，齐景公却说："不要杀他，我接受你的指教了。"

纵横权谋术——鬼谷子

那是春秋时期，在周王朝的阳城地界，有一个山谷，山深树密，幽不可测，不是一般人所能居住的地方，所以叫"鬼谷"。

在这谷中居有一位隐者，自号"鬼谷子"，相传他是晋平公时人，姓王名诩。传说他是道教洞府真仙，位居第四座左位第十三人，被尊为玄微真人，又号玄微子。

鬼谷子在云梦山与宋人墨翟一起采药修道。墨子不娶妻不养子，云游天下，济人利物，救危扶穷。鬼谷子王诩则通天彻地，其学问之渊博，无人能及。有记载：

鬼谷子画像

> 一曰数学，日星象纬，在其掌中，占往察来，言无不验；二曰兵学，六韬三略，变化无穷，

《鬼谷参易图》

布阵行兵，鬼神不测；三曰游学，广记多闻，明理审势，出词吐辩，万口莫当；四曰出世学，修真养性，服食导引，却病延年，冲举可俟。

相传鬼谷子的师父升仙而去时，曾留下一卷竹简，简上书"天书"二字。打开看时，从头至尾竟无一字，鬼谷子一时心中纳闷。他与师父相依为命9年时光，感情日笃，师父突然离去，一时觉得无着无落，心中空空荡荡的，无心茶饭，钻进自己的洞室倒头便睡。

可又如何睡得着？他辗转反侧，想着那卷无字天书的竹简，一直折腾到天黑，那竹简仍在眼前铺开卷起，卷起铺开，百思不得其解。

鬼谷子索性爬起来，点着松明火把，借着灯光一看，吓得他跳了起来，竹简上竟闪出道道金光，一行行蝌蚪文闪闪发光，鬼谷子叹道："莫非这就是世传'金书'。"

鬼谷子一时兴致倍增，他一口气读下来，从头至尾背之成诵。原来上面记录着一部纵横家书，尽讲些捭阖、反应、内楗、抵巇、飞钳之术，共13篇。

第一篇大意是说，与人辩论，要先抑制一下对方势头，诱使对手反驳，以试探对方实力。有时可以信口开河，以让对方放松警惕，倾吐衷肠；有时也要专听对方陈说，以考察其诚意。要反驳别人就要抓牢证据，想不让人抓到证据，就要滴水不漏。

第二篇是说，与人辩论，要运用反复手法。如果反反复复地试探，没有摸不到的底细。有时可以运用反问来试探对手，要想听到声音，就先沉默；要想张开，就先关闭；要想升高，就先下降；要想夺取，就先给予。

第三篇大意是说，要掌握进退诀窍，这诀窍就是抓住君主爱好，只要抓住了就可以随心所欲。如能顺着君主情绪去引导或提出建议，就能随机应变，说服君主。

第四篇大意说，凡事都不是铁板一块，都是有裂痕的。在辩论中要能利用别人裂痕，同时，还要防止自己一方出现裂痕。

竹简　战国至魏晋时的书写材料。是削制成的狭长竹片。竹片称简，木片称札或牍，统称为简。均用毛笔墨书。简册的长度，如写诏书律令的长约67.5厘米，抄写经书的长约56厘米，民间写书信的长约23厘米。

■ 鬼谷子参易塑像

统御之道

政论专著与文化内涵

■ 鬼谷子居住的鬼谷庐

小裂痕可以发展为泰山那样大，所以当裂痕小时要补住，大点时要切断裂缝，当大到不可收拾时就干脆将其打破，裂痕也就消灭了。

第五篇大意说，与人雄辩要设法探出对方意图，用飞扬之法套出对方真话，再用钳子钳住，使其不得缩回，只好被牵着走。

第六篇大意说，要想说服他人，必先衡量一下自己才能长短，比较优劣，自身才能不如他人，就不可能战胜他人。

第七篇大意说，要游说国君，就必须会揣测情绪，当人极度兴奋与恐惧时，就无法隐瞒真情。在这时才能有效地游说和说服人。

第八篇大意说，善于揣摩的人像钓鱼一样不动声色，让鱼自动上钩，把事情办成功，使人不知不觉。

第九篇大意说，游说国君，要先比较其他诸侯国的地形、谋略、财货、宾客、天时、安危，然后才能去游说。

第十篇大意说，做大事，要有一个计划，就像指南针一样，要先策划好，再按着策划的目的去游说。

第十一篇大意说，游说需要先解疑，解疑的好办法是让对方道出实情。

第十二篇大意说，耳朵要善于听，眼睛要善于看，只有对事情了如指掌，才能言无不验，言无不听。

第十三篇大意是，游说要靠巧辞，要对什么人说什么话，说什么话就要采用什么办法和说辞。不要简单直言，要研究讲话的对象，讲究讲话的技巧。

鬼谷子读完这13篇，不禁拍案叫绝。他想起平素与真人辩论时，真人从来不主动

■ 鬼谷子塑像

发话，原来真人有如此金书啊！他不禁想起与师父一起生活研习的时光，一股股暖流，一阵阵的心酸，不时又增添了几分孤寂。于是，他熄了灯，钻进被窝睡觉了。在梦中，他梦见了自己手持金书游说天下的情形。

鬼谷子第二天醒来，他觉得十分困顿，但他还是放心不下金书，又打开金书想细细推敲，不料书中却一字皆无。鬼谷子从头翻至书尾还是一字不见，他更觉此书乃师父至宝，要十分珍重，便走进内洞将其藏在卧榻之上。然后，他走出洞门按照师父所嘱进行练功。

不觉又是日落偏西，黑夜又至，鬼谷子走入洞内上榻休息，只见金书闪着金光，字迹依稀可见。原来，月光从天窗射进来照在金书上，鬼谷子才发现这金书原属阴性，见日则不显，在月光、灯光下才显其缕缕金文，真乃旷世奇书啊！

鬼谷子走出洞，来到石桌边，点燃烛火，把金书拿来细看。突然

発现，怎么换了文章呢？昨天读的本是纵横之言，如今怎么成了兵法呢？于是，他把竹简细细地翻了一遍，左看右看还是兵法，并无纵横之术。这书更加奇了。于是，鬼谷子就一口气读下去，仍然是13篇。

第一篇大意说，纵横捭阖是方略，是治国的基础。治世安民，一统天下，用兵不是最好的策略。拥有军力而避免交战，通过外交而罢兵，达到不战而胜，以军事手段达到制止战争的目的，才是上策。

第二篇大意说，军机大事在于知己知彼，要有制胜之谋，掌握敌情要快、要全，暴露给敌人的要少、要慢，阴谋与阳谋，方略与圆略，要交替运用，不可固守一端。兵无定策，策无定形，使人无可乘之机。

第三篇大意说，君臣上下之事，有亲有疏，有远有近，不论远近都要有默契，计谋都要大致相同。如

014 统御之道 政论专著与文化内涵

鬼谷子书院

果是这样，君主就会重用你，将帅就可能出将入相，就能够建功立业。如果在君主身边不被任用，那是计谋不合，那么解甲归田才是上策。

第四篇大意说，合久必分，分久必合，这是自然的规律。圣明的君主，见到世事有了裂痕，就要设法去弥合，而弥合也有几种不同的方法。诸侯之间的征伐是不可避免的，参与争霸才是上策，不要一味躲避退让。

第五篇大意说，凡要决定远征近伐，就要权衡力量优劣。要考虑敌我双方的财力、外交、地理、上下关系等，那些有隐患的就要征服。征服的上策，要靠实力去威慑。

第六篇大意说：各国之间或联合，或对抗，要成就大业，就要有全面计谋，要有掌控四海和包容诸侯的气魄。不是圣明的君子，没有深层的智谋，就不能统帅国家。没有聪明的人，就不能主持军机大事。要正确确立联合谁，打击谁，关键在于自己要有才能智慧，比较双方的长处与短处，然后才能可进、可退、可纵、可横，把兵法运用自如。

第七篇大意说：要谋划国家大事，就必须学会揣测他国的想法。如果不会揣测，虽有先王之道，圣智之谋，也是没用的。揣测是计谋的根本。

第八篇大意说：主持练兵，使军队能打胜仗而士兵又没有畏惧感，使军队常在不动兵器、不花费钱

■ "鬼谷子"剪纸画

甲 这里指铠甲。古代战场上将士穿在身上的防护装具。先秦时，主要用皮革制造，称甲、介、函等；战国后期，出现用铁制造的铠，皮质的仍称甲；唐宋以后，不分质料，或称甲，或称铠，或铠甲连称。

■ 苏秦塑像

阴阳家 是流行于战国末期到汉初的一种学派，齐人邹衍是其代表人物。大体而言，邹衍的阴阳家思想表现在将自古以来的数术思想与阴阳五行学说相结合，并试图进一步地发展，用来建构宇宙图式，解说自然现象的成因及其变化法则。

物的情况下就能取得胜利，这才算"神明"。而要做到这一点，关键在于谋略，而谋略是否成功，关键又在于周密。

第九篇大意说：善于争霸天下的人，必须权衡天下各方的力量，要度量各国的土地人口、财富、地形、谋略、团结、外交、天时、人才、民心等国事，然后才能做出重大的决策。

第十篇大意说：凡兵谋都有一定规律。事生谋，谋生计，计生议，议生说，说生进，进生退，退生制。计谋之用，公不如私，私不如法，正不如奇，奇流而不止。

第十一篇大意说：凡是要做出决断，如果有疑惑，可以通过分析来判断的。军中大事，头绪十分复杂，难于决断时，可以用商量的方法决断大事。

第十二篇大意说：在用兵将之时要赏罚严明，用赏最重要的是公正，赏罚严明才能无往不胜。

第十三篇大意说：希望办事成功是人之常情，为此，聪明的人不用自己的短处，而宁可用愚人的长处，不用自己笨拙的方面，而宁用愚人的聪明方面，只有这样才不会陷入困境。

鬼谷子发现金书奥秘后，他每夜读一遍，则每夜可得一书。第三夜他得的是致富奇书，里面讲的是一些养殖方法、贸易原则等，讲"将欲取之必先与之"，讲"世无可抵则深隐以待时"。

鬼谷子在第四夜读到的是《养性修真大法》，里面主要讲述《本经阴符七术》，第五夜读的推命相面之术，第六夜、第七夜，又读到了不同的内容，俱是精要之言，世所罕见。

鬼谷子每夜必读一遍，每次一部新书，天上人间、治国安邦、仕途经济、天文地理、星命术数、丹药养生，无所不有，取之不尽，用之不竭。鬼谷子视为珍宝，爱不释手。

后来，鬼谷子成了一个很有韬略的政治家和擅长词锋的外交家，更是成了著名的阴阳家、预言家等大家。他长于持身养性，精于心理揣摩，深明刚柔之势，通晓纵横捭阖之术，独具通天之智，所以世人都称他是一位奇才和全才，他被后人誉为千古奇人。

鬼谷子想到，不能让师父留下来的金书失传，他便根据金书的内容，再根据自己的参悟体会，写出了《鬼谷子》及《本经阴符七术》

■ 庞涓（？—前342年），战国时期魏国人。曾率领魏武卒横行天下，促使魏国称霸诸侯。其人智勇双全，爱兵如子，但对魏王过于忠心，且为人有恻隐之心，最终因孙膑之计而身死马陵道。他的人生起落成为魏惠王霸权盛衰的标志，他的死为魏国的霸权敲响了丧钟，魏武卒也从此退出了历史舞台。

■ 孙膑 生卒年不详，我国战国时期军事家，兵家代表人物。孙膑是孙武的后代。孙膑曾与庞涓为同窗，因受庞涓迫害遭受膑刑，身体残疾，后在齐国使者的帮助下投奔齐国，被齐威王任命为军师，辅佐齐国大将田忌两次击败庞涓，奠定了齐国的霸业。

两书。

《鬼谷子》共有14篇，分上中下3卷：上卷以权谋策略为主，包括捭阖、反应、内揵、抵巇四篇；中卷以言辩游说为重点，包括飞箝、忤合、揣篇、摩篇、谋篇、决篇、符言、转丸、胠乱10篇，其中转丸、胠乱后失传；下卷以修身养性、内心修炼为核心，包括本经阴符七术、持枢、中经3篇。

《鬼谷子》集中表现了战国的智谋权术、变谲辞谈，超出了我国古代哲学书籍《易经》和春秋时期道家学派创始人老子的"阖辟翕张"，其中深刻智谋更是其他兵家秘籍所不及。

运用《鬼谷子》所阐明的道理，可以从事国家外交活动，能够在风云变幻的国际形势下稳操胜券；可以指挥千军万马，能够占据山川险要，明察士兵的强弱；还可以认识民众的多寡，分辨君王宰相的贤愚，就可以随机应变消除祸害与隐患等。

事实上，在纵横捭阖的战国时期，《鬼谷子》的

《易经》 简称《易》，又称《周易》，是我国古代哲学书籍，相传为周人所做。它是我国传统思想文化中自然哲学与伦理实践的根源，对我国文化产生了巨大的影响。它是华夏智慧与文化的结晶，被誉为"群经之首，大道之源"。

纵横学说，是不容忽视的。以至于后来南北朝时著名文学理论家刘勰评价说：

> 战国争雄，辩士云涌，纵横参谋，长短角势……一人之辩，重于九鼎之宝，三寸之舌，强于百万雄师。

鬼谷子不仅著书立说，他还认为应该把这些学问不断发扬光大，于是他就招收门徒，开坛授课。他有几位杰出弟子，那就是叱咤战国时期的著名纵横家苏秦和张仪，还有著名兵家孙膑和庞涓等。

当年苏秦凭其三寸不烂之舌，合纵六国，佩六国相印，统领六国共同抗秦，显赫一时。而张仪又凭其谋略与游说技巧，使六国合纵土崩瓦解，为秦国立下了不朽功劳。

孙膑与庞涓跟从鬼谷子学习兵法，鬼谷子见孙膑

苏秦（前337年—前284年），战国时人，是与张仪齐名的纵横家。苏秦最为辉煌的时候是劝说六国国君联合，堪称辞令之精彩者。于是身佩六国相印，叱咤风云。后世敬仰其成就，以"苏秦背剑"来命名武术定式，十分形象，取其纵横捭阖之意。

■ 鬼谷子与孙膑庞涓的塑像

为人诚恳正派，便将兵法正道传授予孙膑。孙膑认真学习后，深得真传，才能远超过了庞涓。

弃学下山的庞涓被魏惠王拜为上将军，不忘亲自请师弟孙膑出山，但见孙膑才能过人，心生嫉妒，于是用奸计将孙膑处以膑刑。所幸孙膑被齐使淳于髡救走，由齐国大将军田忌招为幕僚。

后来，孙膑被拜为齐国军师。在桂陵之战中，孙膑计擒庞涓，雪软禁之耻。马陵之战，孙膑计射庞涓，挫败魏军，演绎了一场兵家传奇。孙膑后来留下了著名的兵书《孙膑兵法》，充分体现了鬼谷子的兵法思想。

《鬼谷子》还有个名字叫《捭阖策》，侧重于权谋策略及言谈辩论技巧，由于其中涉及大量谋略问题，对军事问题触类旁通，也被称为兵书。

毫不夸张地说，《鬼谷子》的智慧也就是一部"治人兵法"，它曾对社会尤其是当时纵横家和兵家的理论起过重要的指导作用。

阅读链接

据传说，鬼谷子是村夫庆隆和东海龙女的儿子。庆隆和龙女被东海龙王压在云梦山中，化作了一道山岭和龙泉，但他们的魂魄并未离去，他们想以凡人之体而继续存在，并为后人造福，于是后来龙女就生下了鬼谷子。

鬼谷子因为是龙女所生，从小就有许多神奇的法术：会隐形藏体之术，混天移地之法，会脱胎换骨，超脱生死，会撒豆为兵，斩草为马，会揣情摩意，纵横捭阖。总之是个千古奇人，对后世影响甚巨，许多学说都可以在他那里找到渊源。

道法结合君主论——慎子

那是在战国时代，楚襄王做太子期间，曾在齐国当人质。他的父亲楚怀王驾崩后，他向齐王告辞准备回国，齐王不答应，说："给我楚国东边的土地500里，你就可以回去；不给，你就别想走。"

楚太子没办法，便去请教太傅慎子，慎子说："答应是为了能回国继位，如果为了爱惜土地不为死去的父亲送行，是为不义，臣认为可以答应献地。"

于是楚太子答应了齐王。齐王同意楚太子归去。太子归楚后，即位为王，就是楚襄王。很快，齐国派兵车50辆来向楚国索取土地。

楚王问慎子怎么办，慎子却让大臣们在朝议时献计。在朝议时，

楚襄王浮雕

■ 战国时期的战争场面

上柱国 自春秋起为军事武装的高级统帅。汉代废止。五代复立为将军名号。北魏、西魏时设"柱国大将军、上柱国大将军"等，北周时增置"上柱国大将军"。隋代有"上柱国""柱国"，以封勋臣。唐以后，"上柱国"逐渐成为功勋的荣誉称号。

上柱国子良说："大王您是金口玉言，已经答应把边地献给强大齐国，如果不给就是不讲信用，以后也难以和其他诸侯缔约结盟。依我看，先给土地而后再向他进攻，给地是信，进攻用武也有理由，所以，还是先把地给他。"

武将昭常却坚决地说："不能给！万乘之国是因为土地广大才能称为万乘，现在我国去掉东边疆土500里，是等于割掉我国的一半了。这样就只不过有万乘的称号，而连千乘之用都没有了。臣认为不能给割地。我请求去镇守东边的土地。"

另一个大臣景鲤说："不能给他们。不过，楚国也难以独自守住它。大王身为至尊，金口玉言，答应将土地给万乘之强齐，如果不给，天下人会说不义。可是楚又无力独守，臣请去求救于秦国。"

楚襄王把3位大臣的主张都讲给慎子，问："你看我用谁的办法呢？"

慎子胸有成竹地说："三计可以并行，大王都可以采用。大王可以让上柱国子良带车50乘向齐献地500里。第二天，派昭常去东地守卫，第三日，再派景鲤带50乘战车去向秦求救。"

楚襄王按着他的策略，派子良到了齐国去献地，暗中吩咐昭常坚守东地。

齐王高高兴兴地派人去接受东地，昭常站在城墙上对来者说："我奉命守东地，同东地共死生，我是五尺男儿，年龄60岁，麾下30多万的楚国士卒，虽然武器装备不好，但愿为守东地而献身。"

使者回报齐王，齐王对子良说："大夫您亲自来献地，可是昭常又镇守在那儿不走，这是怎么回事？"

子良按照楚王教给他的话回答说："臣亲身受楚君的命令，昭常是假传王命的，请大王进攻东地讨伐昭常吧！"

于是齐王大举兴兵去讨伐昭常，可是还没有到楚国的疆界，秦国的50万兵就到了齐的边界。秦国统帅右壤说："齐阻止楚太子归国，这是不仁；又要攻夺楚国的土地500里，这是不义。如果退兵那就罢

■战国时期的战争场面

统御之道

政论专著与文化内涵

■ 战国时期的青铜战马

了，不然，我们也就不客气了。"

齐王听了大为惊恐，就放子良归楚，又向秦派出使者求和，以解除齐国的危难。

楚国因为运用了慎子的计谋，不但没有背上"背信弃义"之名，还保全了土地和使臣。

这个故事中的慎子，名叫慎到，原本是赵国人。齐宣王时期，他游学稷下，在稷下学宫讲学多年，有不少学生，在当时享有盛名。在稷下时，他还与齐人田骈、接子及楚人环渊等有较多的交往。他们一起被齐王命为大夫，受到尊敬。

齐湣王时，他离开齐国，到了韩国，做了大夫。不久，他转赴楚国，为太子傅相。太子即位为楚襄王，他继续留在楚国参与政治谋划。公元前279年，他告老归赵，并著有《慎子》一书。

《汉书·艺文志》说《慎子》为42篇，《风俗通义·姓氏篇》说《慎子》为30篇，《史记·孟子荀卿列传》引《集解》说《慎子》有41篇。后来，《慎子》仅存残本5篇，《群书治要》卷三、卷七保存有2篇节本。

在先秦的法家代表人物中，慎到、申不害和商鞅分别重视"势""术""法"，但都是在提倡法治的基础上提出的不同观点。

"势"主要指权势，慎到认为，君主如果要实行法治，就必须重视权势，这样才能令行禁止。

慎到主张百姓、百官听从于君主的政令，君主做事是必须完全依法行事的。立法权要集中于君主之手，各级的官吏只能严格地遵守法律和执行法律，即"以死守法"。

百姓则要接受法令的规定，按法做事，即"以力役法"。慎到认为这样才能实行法治，并取得功效。在君主具体执法的过程中，慎到提倡法治，做到公平执法，反对人治。主张立法要为公，反对立法为私。用他的话说，就是"官不私亲，法不遗爱，上下无事，唯法所在"。他认为法治比人治优越，甚至说不好的法律也比没有法律好。

慎到提倡"势"。重"势"是为了重视法律，君主只有掌握了权势，才能保证法律的执行。慎到把君主和权势分别比喻为飞龙和云雾，飞龙有了云雾才能飞得高，如果云雾散去，飞龙就是地上的蚯蚓了。

如果有了权势，即使像夏桀那样昏庸残暴，命令也能执行，即"令则行，禁则止"。如果没有权势，即使像尧那样贤德，百姓也不会听从命令。所以，慎到反对儒家主张的"德治"，认为那样不可能使法律贯彻执行，会产生很多弊端。

在无为而治方面，慎到和韩国著名思想家申不害

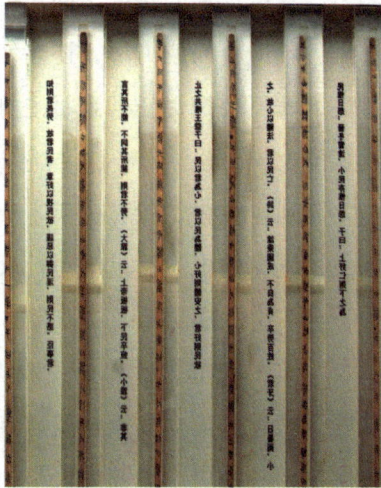

■ 战国时期有关法律的竹简

《风俗通义》
汉唐人多引作《风俗通》，东汉泰山太守应劭著。原书30卷、附录1卷，后仅存10卷。该书记录了大量的神话异闻，是研究古代风俗和鬼神崇拜的重要文献。清代校勘专家卢文弨《群书拾补》中辑有《风俗通逸文》多条，系11卷补之所逸，中有"女娲造人""李冰斗蛟"等神话，皆为首见于记录者。

相似，只是论述的角度不同。慎到认为，如果国君什么事都自己亲自去做，不但会筋疲力尽，还会使大臣旁观，不积极做事，等一旦有了过失，大臣会把责任推到君主身上，君臣矛盾激化甚至可能会导致谋反篡位。

慎到还主张"抢法处势""法制礼籍，所以立公义也"；他把法看成了国家的根本，是维系社会秩序、伦理道德的可靠保证。慎到认为，有了法，就要真正以法治国，不能只是摆设。

《慎子》提出"廊庙之材，非一木之枝；狐白之裘，非一狐之腋"。意思是集众材而构筑庙堂，集众狐之腋毛而成珍裘。因此，治理国家要集众思广议而谋大事，集百家之长而成学问。同时也说明只有量的积累才会达到质的变化。

《慎子》认为"海与山争水，海必得之"，意思是竞争中的事物谁能发挥自己的优势，谁就具备了取胜的条件。

《慎子》的"势治"理论，既是战国后期专制主义政治加强的反映，也是对专制主义政治学说的理论概括，对后来的法家理论体系以及封建专制主义政治产生了较大的影响。

阅读链接

《慎子·老子问疾》中记载了老子与老师商容的一段对话。商容得了重病，老子去看望。商容张开嘴问："我的舌头还存在吗？"老子回答说："在。"商容又问："我的牙齿还存在吗？"老子说："牙掉了。"商容说："你知道这是为什么吗？"老子说："这不是说刚强的东西丧失了而柔弱的东西还存在吗？"商容说："嗯，天下的事理全在这一句话中。"

这则故事借此喻彼，借小喻大，使老子悟出一个哲学道理：柔能克刚，柔弱胜刚强。

论法术的专著——尹文子

尹文子画像

那是在战国时期，赵国一带的马匹流行传染病，导致大批战马死亡。秦国战马很多，为了严防瘟疫传入秦国，秦国就在边境函谷关口贴出告示："赵国的马不能入关。"

这天，战国时期哲学家公孙龙骑着一匹白马来到函谷关前。关吏说："人可入关，但马不能入关。"公孙龙辩道："白马不是马，怎么不可以过关呢？"关吏说："白马是马。"公孙龙讲："我公孙龙是龙吗？"关吏愣了愣，但仍

■ 公孙龙塑像

坚持说："按规定不管是白马黑马，只要是赵国的马，都不能入关。"

公孙龙说："'马'是指名称而言，'白'是指颜色而言，名称和颜色不是一个概念。'白马'这个概念，分开来就是'白'和'马'或'马'和'白'，这也是两个不同的概念。譬如说要马，给黄马、黑马者可以，但是如果要白马，给黑马、给黄马就不可以，这证明，'白马'和'马'不是一回事吧？所以说白马就不是马。"

关吏越听越迷糊，被公孙龙一通高谈阔论搅得晕头转向，如坠五里雾中，不知该如何对答，无奈，只好让公孙龙和白马都过关了。

这就是著名的公孙龙"白马非马"论。公孙龙是春秋战国时期诸子百家中的"名家"，他有个学生叫尹文，把老师辩论的技巧学得炉火纯青，成为将名家发扬光大的人物。

尹文流传于世的《尹文子》一书，是名家的代表作品，成语"狐假虎威"的寓言典故就来自此书。

自道家至名家，由名家而至法家，《尹文子》上承老子，下启荀子、韩非，阐述了法家的社会政治思

名家 是先秦以思维的形式、规律和名实关系为研究对象的学派，战国时称"刑名家"或"辩者"，西汉始称"名家"。名家以善于辩论、善于语言分析而著称于世。由于种种原因，名家这个学派后来几乎没有了继承人。

想。全书分《大道上》和《大道下》两篇，语录与故事混杂，各段自成起止，主要论述术和形名。

尹文是战国时期齐国人，为"稷下学派"的代表人物。他与当时的著名学者宋钘齐名，二人共同成为宋尹学派的代表人物。他们的思想具有调和色彩，对后期儒家思想有深刻影响。

尹文认为在名法制度明确的情况下，才会形成政清人和、各得其所的法制社会。他主张每个人说话做事都应以名法为依据，不追求超出分外的理论和才能，一切以是否有益于社会治理和实际事务为准则；凡无益于社会治理和实际事务的理论和才能，应虽知而不言，虽能而不为，否则，就要受到法律的制裁。

尹文学说的中心思想是希望天下太平，社会安宁，人民安居乐业，达到温饱的小康水平。他认为每个人在社会上都能够养活自己，同时还可以供养一

形名 指事物的内容和名称。古代思想家常用作专门术语，以讨论实体和概念的关系、特殊和一般的关系。春秋时期刑名之学的兴起，首先是由于社会变革导致政治伦理秩序的混乱。当时要建立新的社会秩序，就要革除旧名，建立新名，这就是"正名"，因此百家之学莫不言"名"。

思想源流

诸子百家

■ 战国时期的青铜战马

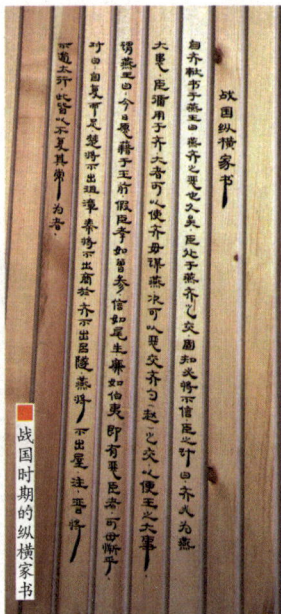

战国时期的纵横家书

下别人，就足够了，不要有太多的欲望，达到于心无愧，"见侮不辱"，既能对得住别人，也能对得住自己。尹文认为这就是治理天下的大道理。

在尹文看来，要做到"无为而自治"，名实相副，就要坚持做到"仁、义、礼、乐、名、法、刑、赏"这8条。这8条都是"五帝三王"的"治世之术"。

他认为掌握了这8个标准，就能够达到天下大治，这就是老子所说的"以政治国，以奇用兵，以无事取天下"，从而达到"无为而治"的理想境界。

尹文思想特征以名家为主，综合道法，也不排斥儒墨。《尹文子》的形名论思想，为研究中国逻辑思想史者所重视，其对语言的指称性与内涵等关系的思考，颇值得研究。

阅读链接

《尹文子·宣王好射》里有个故事说，齐宣王爱好射箭，喜欢向别人夸耀他能够拉开强弓，其实他使的弓只用三石的力气就能够拉开了。他把这张弓交给左右的人传看。身边的人都试着拉，但只把弓拉到一半，就装着拉不动的样子，恭维地说："这张弓没有九石的力气拉不开。除了大王以外，谁还能够使用这张弓呢？"齐宣王听了非常高兴，以为自己真有千斤之力，于是得意忘形，完全不了解自己的真实水平。

这篇寓言的启示是：好大喜功的人，必然是务虚名而不讲求实际，本欲欺世盗名，反落得被人欺骗。一个人要有自知之明，才能知己知彼，洞察秋毫，百战不殆。

法家代表作——商君书

那是在战国末期，有个卫国人叫商鞅，年轻时喜欢刑名法术之学，受李悝、吴起的影响很大。他后来做了魏国相国公叔痤的家臣。

公叔痤病重时向魏惠王推荐商鞅说："商鞅年轻有才，可以担任国相治理国家。"他又补充说，"主公如果不用商鞅，一定要杀掉他，不要让他投奔别国。"可惜魏惠王认为公叔痤已经病入膏肓，语无伦次，没有采纳。

后来，商鞅听说秦孝公在国内发布求贤令，便投奔了秦国，通过秦孝公的宠臣

■ 商鞅雕塑

■ 战国时期军队作
战时的弓弩手

王道 古时指以
仁义治天下的政
策，是儒家提出
的一种以仁义治
天下的政治主
张。与霸道相
对。王道学说的
基本内容是指人
民依礼而行，治
国者爱民亲民，
扶植小农经济，
减轻农民负担。
王道思想包含3个
方面，即保合诸
夏、谐和万邦和
驱除鞑虏。

景监见到了秦孝公。

商鞅第一次见秦孝公时，用帝道之术游说，秦孝公听后直打瞌睡，还对景监指责商鞅是个狂妄之徒，不可任用。五日后，商鞅再次会见秦孝公，用王道之术游说，秦孝公还不能接受，并再次对景监责备商鞅。第三次会见秦孝公时，用霸道之术游说，获得孝公的肯定，但仍旧没有被采用。最后一次见秦孝公时畅谈富国强兵之策，秦孝公听时十分入迷，膝盖不知不觉向商鞅挪动，二人畅谈数日毫无倦意。

商鞅此时已领会秦孝公的意图。景监向商鞅询问缘由。商鞅说秦孝公意图在当今争霸天下，所以对耗时太长才能取得成效的帝道、王道学说不感兴趣。

公元前356年和公元前350年，在秦孝公的支持下，商鞅先后两次实行变法，变法主要内容为"废井田、开阡陌，实行郡县制，奖励耕织和战斗，实行连坐之法"。

商鞅认为，"律法不行，是因为上流社会不遵守的缘故"。有一次秦国太子犯法，他处罚了太子的太傅公子虔与老师公孙贾。后来公子虔再次犯法，商鞅对他进行重罚。慢慢地，秦国人民越来越心悦诚服，国内家家富足，路不拾遗，山无盗贼。

秦国实行变法之后，兵强马壮，准备东进扩展势力。公元前240年，齐、赵两国联合攻魏，商鞅认为机不可失，便率军攻打魏国。

魏国派公子卬领兵抗秦。商鞅给公子卬写信愿罢兵讲和，邀请他来秦军约定地点会面，公子卬深信不疑。在赴饮宴之时，秦国伏兵一拥而上，将他抓起来，秦军趁势打败魏军，取得了胜利。

商鞅在打败魏军之后，秦孝公把商地的15邑封给了商鞅，因而商鞅号为商君。秦孝公病重期间，商鞅掌握秦国军政大权。据史书《战国策·秦策一》记载：秦孝公病重时，曾打算把君位让给商鞅，商鞅没有接受。

法纪整肃对百姓的好处不言而喻，但同时触动了官僚的利益，尤其改革军功爵制度，废除世卿世禄制度，造成秦国贵族怨恨。因此，商鞅每次出门，都需要卫士保护他。

秦孝公驾崩后，秦惠文王即位。这时，以前怨恨商鞅的公子虔告

033

思想源流

诸子百家

■《战国策》

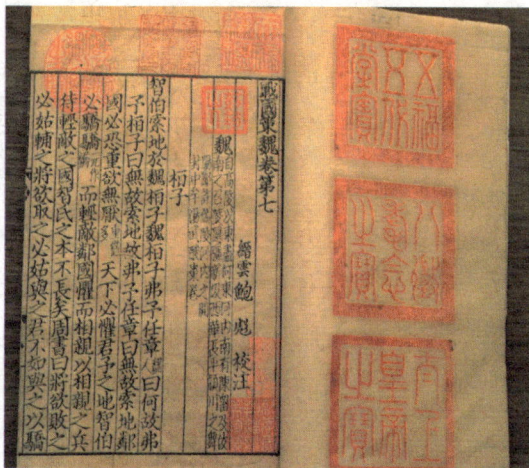

■ 商鞅雕像

统御之道

政论专著与文化内涵

甘龙 孝公之臣，甘姓，名龙。是《商君书》《史记》《战国策》中均有记载的变法反对派，是秦国的世族名臣。甘龙位居太师，是实际上的世族领袖与复辟势力的轴心人物，是整个变法新锐势力的最大政敌。

他谋反，商鞅被迫开始逃亡，逃亡至边关时，欲宿客舍，结果因未出示证件，店家害怕"连坐"不敢留宿。

其实"连坐"法就是当初变法时，商鞅自己制定的。商鞅又想到魏国去，但魏国因他曾生擒公子卬，拒绝他入境。

商鞅的人生大起大落，他的政治策略也是非同凡响，他把自己的治国措施和思想言论汇集成了《商君书》，也称《商子》。

《商君书》是法家学派的代表作品之一，在战国后期颇为流行。书中主张依法治国、重农抑商、重战尚武、重刑轻赏，贬斥儒家学说、纵横家及游侠的做法。

《商君书》提出革新变法思想，这是法家思想的精髓。书中的《更法》篇详细记述了商鞅与秦孝公及秦国大臣甘龙、杜挚争论变法的问题。

在当时，针对秦孝公怕变更法度、改革礼制受天下人非议的想法，商鞅说："做事犹豫就不会成功。君王不要怕别人的批评议论。法度是爱护人民的，礼制是利于国事的。只要能使国家强盛，就不必沿用旧的法度；只要有利于人民，就不必遵守旧的礼制。"

甘龙认为："因袭人民的旧礼俗去施行教化，不费什么事就能成功。依据旧法度治理国家，官吏既很熟悉，人民也能相安。"

对此，商鞅说："夏、商、周三代的礼制不同，而都成就了王业；春秋时'五霸'的法度也不同，而都成就了霸业。所以聪明的人创造法度，而愚昧的人就要受法度的制裁；贤人改革礼制，而庸人受礼制的约束。"

杜挚认为："效法古人就没有错误，遵守旧礼就没有奸邪。"

商鞅则说："古代的政教不同，我们效法了哪个古人？帝王不相因袭，我们遵守了谁的礼制？礼制、法度都要随着时代而制定，为国家谋利益，不必效法古人。"

《商君书》中提出了重农重战的思想，这是法家思想的重要内容。书中关于重农重战的论述也是最多的，如"国之所以兴者，农战也""善为国者，仓廪虽满，不偷于农""国待农战而安，主待农战而尊"等。

商鞅认为，国家富强的功效就在农战两项。他主张朝廷让人民拿剩余的粮食捐取官爵，农民就会卖力

礼制 礼制是德治梦想的具体化，通过礼仪定式与礼制规范塑造人们的行为与思想；通过法律的惩罚维护礼法的绝对权威。我国古代社会与国家管理方式既非法制社会，也非通常人们认定的人治社会，而是礼法社会。

■ 商鞅监制的青铜方升

耕作。

为此，他提出了20种督促人民耕垦土地的办法。认为国家按统一标准征收地税，农民负担的地税就公平了，国君讲求信用，百官不敢作弊，农民就会积极耕种土地。重农重战是法家治国的根本大计。

《商君书》第三个重点是重刑少赏的思想。加重刑罚，轻微奖赏是法家的重要思想。书中提出用刑罚来免除刑罚，国家就治；用刑罚来招致刑罚，国家就乱。对如何执行刑罚时，商鞅主张要统一刑罚，执行刑赏要一律平等，对谁都一样。

《商君书》第四个重点是重本抑末，所谓"能事本而禁末者，富"。所谓"末"就是指的商业和手工业。这也是法家思想的重要组成部分。

法家是先秦诸子百家中的重要一家，《商君书》是民族传统文化遗产的重要部分，涉及经济、政治、军事、法治等等诸多重大问题，集中反映了法家的法治思想。

法治思想为后来建立的中央集权的秦王朝提供了有效的理论依据，后来的汉代也继承了秦代的集权体制以及法律体制，以至于成为我国古代封建社会的政治与人治主体。

统御之道

政论专著与文化内涵

阅读链接

商鞅改革之初，怕老百姓不信任他，不按照新法令去做。就先叫人在都城的南门竖了一根三丈高的木头，说："谁能把这根木头扛到北门去的，就赏10两金子。"大家都不敢相信，商鞅把赏金提到50两。仍旧没人敢去扛。这时有一个人跑出来，说："我来试试。"他把木头扛起来搬到北门。商鞅立刻派人赏给他50两金子。

这件事一下子轰动了秦国，老百姓都认为商鞅说话讲信用。商鞅获得了人们的信任，这才公布了新法令。

法家思想大成——韩非子

　　那是在"战国七雄"争霸的时代，韩国是七雄中比较弱小的一个国家。到了战国晚期，韩国却出了一位非常强大的思想家、哲学家、政论家，他就是法家的代表人物韩非，对当时韩国的社会产生了重要的积极影响。

　　韩非出身韩国贵族，与后来成为秦国丞相的李斯，一同在儒家大师荀子门下求学。荀子虽然身为儒家，但他的思想中已经包含了法家思想的主要特征之一"人性本恶"。韩非从这点出发，融合商鞅、申不害的法家学说，将刑名法家思想推向顶峰。

　　韩非所处的年代，正是战国末期社会发生剧烈变化的年代。他眼见国家政治腐败，在强秦进攻面前一再割

■韩非画像

申不害（约前385年—前337年），亦称申子，战国时期韩国著名的思想家。他在韩为相19年，使韩国走向国治兵强。作为法家人物，他以"术"著称，是春秋战国时期百家争鸣中的代表人物。《史记》评价他"国治兵强，无侵韩者"。

地受辱，他多次上书韩王，提出"修明法度"等富国强兵的改革建议，可惜不为韩王所采纳。于是，韩非退而著书，写成55篇10余万言的《韩非子》。

《韩非子》共20卷，分为55篇，总字数达10多万言。在体裁上，有论说体、辩难体、问答体、经传体、故事体、解注体、上书体7种。在内容方面，重点论述"法""术""势""君道"等，用意深刻。其中，以下列5篇最能代表作者思想：

《孤愤》论述韩非对法家变法之志难抒的愤慨。

《说难》论述对君主进谏的困难，反映韩非对君主的心理分析。

《奸劫弑臣》前半部论述奸臣的奸行及治奸之法，后半部反对儒家思想，倡导法家思想治国之道。

■ 古书《韩非子》

《显学》批判儒家与墨家，阐扬法治，是韩非对法治思想的代表作，也是古代哲学思想的重要史料来源。

《五蠹》中的"五蠹"是指5种蛀虫，比喻在国家内部危害整体的木中之虫。在韩非看来，儒家、纵横家、墨家侠者与侠客、怕被征调作战的人、工商买卖者，是扰乱君王法治的5种人，应除掉他们。本篇亦为历史上公认的韩非子代表作。

韩非认为人生来就是好利的，只有"利"才是推动社会发展，促进人群合作的唯一力量，利害关系才是人类唯一的社会关系，趋利避害乃人之常情，也是国家执行赏罚、法令的依据。

《韩非子》在我国历史上第一个提出"人民众而货财寡"会带来社会问题的观点，具有相当的远见卓识。

《韩非子》还提到了很多关于中央集权的政治思路，比如：

事在四方，要在中央。圣人执要，四方来效。

意思是，具体事务应交由各级负责人去执行，而君主应保证中央权力的巩固。只要君主能准确把握全

■《韩非子》

中央集权 我国古代的政体——封建专制主义中央集权制度。主要特征是皇帝个人专断独裁，集国家最高权力于一身，从决策到行使军、政、财大权都具有独断性和随意性。公元前221年，秦始皇在统一六国后就着手建立，此后，这种政治体制在我国延续了2000多年。

局，那么四方的臣民就会效劳。

《韩非子》还提出了君权问题，主张君王不要放权：

使杀生之机，夺予之要在大臣，如是者侵。

意思是说，生杀予夺之权落在臣下手中，如此一来君主就有失势的危机。

书中反对政治治理的原则建构在私人情感联系与当代社会道德水平的提升上，主张将人的自利本性作为社会秩序建立的前提，强调将君主统治权视为一切事物的决策核心，君权是神圣不可侵犯的，君主应当运用严刑峻法重赏来御臣治民，以建立一个君主集权的封建国家。

后来，《韩非子》传到秦国，秦王嬴政，也就是后来的秦始皇，拍案叫绝，爱不释手。为了得到韩非，嬴政发兵攻打韩国，韩王只好把韩非送到秦国。韩非的思想在秦国丞相李斯手上得到了实施。

韩非吸收了儒、墨、道等诸家的精华观点，所著《韩非子》总结了前期法家的经验，形成了以法治思想为中心的法、术、势相结合的政治思想体系，被称为法家之集大成者。韩非及其著作对我国封建统一事业起了积极的推动作用。

阅读链接

"螳螂捕蝉"是《韩非子》中的寓言故事：园中有一只知了在树上准备吮吸露水，却不知道有只螳螂正在它的背后，而螳螂却不知道黄雀就在它的后面，黄雀也不知道榆树下面有个拿着弹弓的小孩，把皮筋拉得长长的，正在瞄准它。孩子一心想射杀黄雀时，却不知道前面有个深坑，后面还有个树桩子。

这都是贪图眼前利益，而不顾身后隐藏着祸患的表现，它的寓意是：目光短浅的人在追求眼前利益的时候，往往忽视了后面隐藏着的危险。

从春秋战国的百家争鸣，到秦代的严刑峻法，日趋完善的法家思想遭到后来帝王将相和知识分子的强烈排斥。到了汉代，政治统御思想出现了许多新变化，成为我国古代政治思想的一个分水岭。

汉初崇尚"黄老思想"，推行"无为而治"，到了汉武帝时，"罢黜百家，独尊儒术"的做法，使得政治思想家们的观念归于统一，最终推动了儒家"大一统"的历史局面。在此原则指导下，无论是盐铁会议之论，还是富国强兵之术，都贯穿着儒家思想的精神。

学术嬗变

两汉争鸣

古代谋略第一书——素书

那是在秦代时，有个年轻人叫张良。有一天，他路过下邳桥，遇到一个穿粗布短衣的老人。老人故意把自己的鞋扔到桥下，看着张良说："年轻人，到桥下把我的鞋捡回来！"

张良画像

张良就跑到桥下把鞋拾上来递给老人。老人不接鞋，伸着脚让张良给穿上。张良看他头发花白，就恭恭敬敬地把鞋给老人穿上了。

老人满意地笑笑，说："你这孩子可以做我的学生。明天早上你还到这儿来，我会教给你点东西。"

第二天天刚亮，张良来到桥上，见老人已经到了。老人说："你比我来得晚，今天不能教你什么了。"

第三天，张良天不亮就赶到了

■ 黄石公（约前292年—前195年），秦汉时人，后得道成仙，被道教纳入神谱。据传黄石公是秦末汉初的五大隐士之一，排名第五。后世流传有黄石公《素书》和《黄石公三略》。

桥上，老人还是来得比他更早。张良就这样白跑了3次。最后，张良半夜就来桥上等着，终于比老人先到。

老人很高兴，拿出一部书送给张良，并说，"你读通了这部书就能给帝王当老师了。以后如果再找我，就到谷城山下找黄石公。"

黄石公的这部书就是《素书》，又称《黄石公书》。张良回去后认真钻研，掌握了在政治和军事斗争中的各种应变策略，他只用了书中十分之一二的智慧，就帮助汉高祖刘邦统一了天下，成就了帝业。张良因此官封留侯，去世后，谥号文成侯。

张良一生没有遇到合适的人传播此书，他去世后《素书》随葬墓中。

又过了500多年，天下大乱，西晋时期有人盗掘张良之墓，在头下的玉枕中发现了此书。书上还有条类似咒语的秘戒："不许将此书传与不道、不神、不圣、不贤之人。若非其人，必受其殃；得人不传，亦受其殃。"虽然有这样的禁忌，但《素书》仍旧流传到了民间。

《素书》很简短，仅有《原始正道》《求人之志》《本道》《宗道》《遵义》《安礼》6篇。总共有132句

刘邦（前256年—前195年），沛郡丰邑中阳里人，汉王朝开国皇帝，谥号高皇帝，庙号太祖。我国历史上杰出的政治家、卓越的战略家和指挥家。他建立汉朝，设立汉室典章制度，消灭异姓诸侯王，维护统一。对我国的发展、统一和强大做出了突出贡献。

张良、萧何、韩信三杰

1360个字。

《素书》语言精炼，字字珠玑，句句名言，对人性把握精准独到，对事物变化观察入微，对谋略点拨恰到好处。书中共讲了6个方面的问题。

一是阐明思想体系，即道、德、仁、义、礼五位一体，密不可分，及"潜居抱道，以待其时"的处世哲学。暗示读者，只要具备道、德、仁、义、礼5种品格，再逢机遇，定可建绝代之功，及人臣之位。

二是阐明了用人原则。作者依据才学的不同，将人才分为俊、豪、杰3类。是故其无异儒家的理性意识及道德水平的准则。作者提出了选贤任能，用人不疑等指导意见，都是来自生活的总结。

三是加强个人修养的意见。"博学切问""恭俭谦约""近恕笃行""亲仁友直"等，反映了儒家的道德意识；"绝嗜禁欲""抑非损恶""设变致权""安莫安于忍辱""吉莫吉于知足"等，又具有道家思想的成分，儒、道兼收并蓄，反映出作者思想的包罗万象。

四是总结安邦治国的经验。反对短期行为，认为政策必须有连续性，

"足寒伤心，人怨伤国""失民心者失天下""有道则吉，无道则凶。吉者百福所归，凶者百祸所攻"。这些对于后人有一定的启发。

五是阐述了处世之道。我国的政治是人治的政治，能否处理好人际关系，是事业能否亨通的关键。作者提出"上无常守，下多疑心""近臣不重，远臣轻之"等见解，都给如何处理好各种关系提出了借鉴。

六是奖赏刑罚，合情合理；法律制度，简单易行，礼之根本，以待己之心待人，以化人之心化己，当如是也。

《素书》是以道家思想为宗旨，集儒、法、兵的思想发挥道的作用及功能。同时以道、德、仁、义、礼为立身治国的根本，以此认识事物、解决问题的智能之作。

《素书》虽然只有薄薄一本，却在我国谋略史上占据重要地位。后世称之为我国谋略第一书，智慧之硕果，治人之兵法，成功之宝典。

阅读链接

传说，黄石公很小时父母双亡，跟着哥嫂长大。他少年时，一天赶着牛在山坡上耕地，看到山顶一棵大树下两个道士在下棋，他默默地站在旁边看。只觉得头顶的树叶一青一黄地变化着，等两个道士一盘棋下完，也没和他说什么，便扬长而去了。黄石公想回去继续干活，结果发现一切都和以前不一样了：牲口不见了，木犁还在，用手一摸就化成了灰。回到村子，没一个认识的人。他的家也不在了，竟然没人知道他哥哥的名字。黄石公这才明白原来自己已经成了神仙。

黄石公成仙后，利用他的法力保佑一方的平安，后人为纪念他，便在山上造了一座庙纪念黄石公。

以道治国的论著——新语

那是在秦末汉初时，有个人叫陆贾，不但是个有作为的政治家，还是当时著名的文学家和思想家。他跟随汉高祖刘邦，是平定天下的功臣之一。

■陆贾塑像

陆贾能言善辩，刘邦经常安排他作为使者，出使各路诸侯。他曾奉命出使南越，也就是现在两广一带，诏谕赵佗归顺汉王朝。

赵佗原是秦时南海尉，后来自立为南越王。陆贾多次出使南越，成功劝说赵佗废去帝号，恢复了与中原的臣属关系。由于陆贾对沟通南越与中原地区的经济文化交流起了重要作用，因此深得刘邦信任。

陆贾经常在刘邦面前称赞《诗》

《书》。这让文化程度不高的刘邦很反感，刘邦说："我们大汉是从马背上靠打仗得来的，这些《诗》《书》没什么用。"

陆贾辩道："马背上得来的天下，还可以马背上来治理吗？过去，成汤与周武王逆取而顺守天下，文武并用，所以能长久。过去，吴王夫差、智伯都是穷兵黩武，依靠武力治国，所以导致了国家灭亡。秦国依靠严刑峻法来统治国家，所以在赵高的手中灭亡了。如果秦国对百姓仁义，效仿圣人治理国家，陛下怎么能得到这江山？"

■ 赵陀归汉浮雕

刘邦面有惭愧，跟陆贾说："你试着为我写秦失天下、汉得天下的文章吧，总结国家兴衰成败经验。"

陆贾为此写了12篇文章。刘邦看过后，表扬文章写得好，很有见地。后来，这些文章合为一本书，书名叫《新语》。

《新语》的核心思想是老庄的"无为"思想。所谓无为，并不是说政府什么都不管，而是要求政府不要恣意妄为，尽量对民间事务少干预。

陆贾认为，政府只要顺应自然法则行事，适时、适度，适可而为，那么什么事情都能做得很好了，而且看起来好像根本没动手。例如，当民间太穷时不要加赋加税，即使加得很少，群众也负担不起；当民间富裕了之后，即使成倍加赋加税，群众也感觉不到。

赵佗（约前240年—前137年），秦代著名将领，南越国创建者。他是开发岭南的第一人，在公元前204年创立了"东西万余里"的南越国，号称"南越武王"或"南越武帝"。以后"赵佗归汉"，岭南正式列入汉王朝统一的版图。

《新语》认为秦朝速亡的主要原因是横征暴敛，严刑峻法。《新语》以道家老子思想为外壳，内里是一个带儒家色彩的理想，二者在《新语》的思想体系中毫无矛盾地共存。

在书中，陆贾企图恢复被秦末农民战争破坏了的封建秩序的同时，希望建立一个和谐、美满、幸福的社会。之所以会产生这样的思想，固然与秦汉之际广泛流行的黄老学说有其不可分割的关系，更直接的原因是继秦之后，人们普遍要求从暴政中解脱，无为而治恰恰迎合了时代的需要。

《新语》自成书之日起便受到刘邦的重视和喜爱，成为汉初的国家哲学。刘邦之后的"文景之治"，就是在《新语》的政治思想指导下开创的盛世。

陆贾的著作自成一家之言，不仅思想内涵丰富，而且很好地体现了秦汉散文雄伟粗犷的风格。在汉代文学史中占有独特的地位，历来受到人们的关注。

总之，无论是文学史还是思想史著作中，《新语》都是我国历史上一个不可忽视的重要篇章。

统御之道

政论专著与文化内涵

阅读链接

刘邦病逝后，吕后掌握大权，大封吕家的子侄为王侯。时任太中大夫的陆贾便托病辞职，把家搬到好畤县，也就是后来的陕西乾县。陆贾变卖家产所得的1000两黄金，均分给5个儿子，每人200两，让他们各自去谋生，并对他们说："今后我将随意闲游，逍遥林下。我和随从到哪家，就由哪家提供食宿。我死在谁家，这车马宝剑等物，就归谁家所有。"儿子们答应了，各自去安家谋生。陆贾则乘着马车，带着侍从游山玩水。他玩累了，到任何一个儿子家，儿子都待他很好。

后来，"陆贾分金"这一典故，用来形容休官后安排家业，也用来形容长辈为小辈分割财产。

政论散文最高成就——新书

在西汉政权刚刚建立的时期，有个世代显宦的贾氏家族，男主人叫贾回，是当时的名士，他新添了一名男婴，并给儿子取名贾谊。

贾谊从小就刻苦学习，博览群书，先秦诸子百家的书籍无所不读。少年时，他跟着文学家荀况的弟子、秦朝博士张苍学习《春秋左氏传》。他还特别喜欢道家的学说，在青少年时期，就写过《道德论》《道术》等论著。

18岁时，贾谊就因为能诵《诗经》《尚书》和撰写文章而闻名。当时的名士河南郡守吴廷尉了解到贾谊是一个学问渊博的优秀人才，十分欣赏他的才学，对他非常器重，把他召到自己的

贾　谊 ■ 贾谊像

■ 吴廷尉画像

李斯 （约前284
年—前208年），
字通古。战国末
期楚国人。秦代
著名政治家、文
学家和书法家。
李斯散文后传四
篇，计为《谏逐
客书》《论督责
书》《言赵高书》
《狱中上书》，
他书写的刻石有
《泰山封山刻
石》《琅琊刻石》
和《峄山刻石》
等。

门下，十分宠爱。

　　吴廷尉是秦朝丞相李斯的学生，也非常有学问，贾谊在他门下学习，受到了很大的教益，眼界更加开阔，知识更加广博。

　　在贾谊22岁时，汉文帝登基，吴廷尉向汉文帝推荐贾谊当了博士，他是当时汉王朝所聘用的博士当中最年轻的一位。贾谊具有精辟的见解，文帝很欣赏他，一年后被提升为太中大夫。

　　贾谊当时认为汉朝已经建立二十多年了，政局大体稳定，为了巩固汉王朝的统治，他向汉文帝提出了一系列进行改革的建议。

　　贾谊以儒学与五行学说设计了一整套汉代礼仪制度，以代替秦制，主张是"改正朔、易服色、制法度、兴礼乐"。当汉文帝正打算重用贾谊并采用他的方案时，却遭到了官僚与宗室阶层的反对。丞相绛侯周勃、东阳侯张相如、冯敬等老臣因嫉妒贾谊而上书谗言，一年后贾谊被贬为长沙王太傅。

　　至长沙的赴任途中，贾谊对自己被贬十分不满，又听说长沙气候潮湿多雨，以为自己会早死。他心情悲观失望极了，在渡湘江时作了《吊屈原赋》。后来，他在长沙度过了三年左右的时间。

　　贾谊在任长沙王太傅的第三年，一天黄昏，有一只象征不祥的鹏鸟飞入他房内，再加上长沙潮湿气候的影响，让本来心情就忧郁自以为寿命不长的贾谊更加伤感不已。于是，他就写了一篇《鵩鸟赋》，对世界万物的变化和人间世事的沧桑作了一番感叹，同时也借此来宽慰自己。

四年之后，汉文帝突然想起贾谊，便召贾谊回长安。贾谊回到长安后，文帝在未央宫祭神的宣室接见了他。当时祭祀刚完，祭神的肉还摆在供桌上，文帝对鬼神的事有不少疑问，就问贾谊。贾谊关于鬼神的见解，使文帝感到很新鲜，听得很入神，甚至挪动座位，凑到贾谊跟前，一直谈到半夜才结束。

事后，文帝感叹不已地说："我好久没有见到贾生了，自以为学问赶上他了，现在听了他的谈话，还是不及他啊！"

不久，汉文帝将自己最小的爱子梁怀王刘揖交给贾谊，让贾谊任梁怀王的太傅。贾谊此时除了担当太傅责任外，主要写政论文来表达自己的观点，对汉文帝进行真诚劝谏。

在公元前171年，淮南王刘长阴谋叛乱，文帝把他流放到蜀郡，刘长在途中畏罪自杀。第二年，文帝又把刘长的四个儿子封为列侯。

贾谊担心养虎为患，便劝告说："淮南王反叛朝廷，谁不知道他的罪恶呢？现在尊奉罪人的儿子，只能招致人们的非议。淮南王的儿子成人之后，哪能忘记他们父亲的事呢？淮南地方虽小，英布曾凭借这块地方造反。虽然把淮南王的封地分割为四块，但四子一心，让他们占有土地和人口，积蓄资财，这真可以说是把武器交给敌人，为虎添翼

汉文帝画像

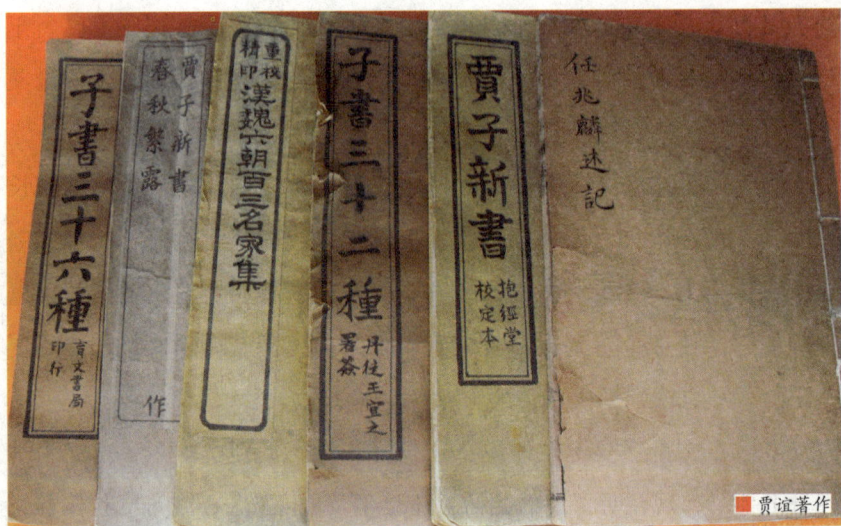
贾谊著作

呀！希望陛下考虑。"

但是，文帝并没有采纳贾谊的意见。汉文帝十一年，梁怀王刘揖入朝，骑马摔死了。贾谊感到自己身为太傅，没有尽到责任，深深自责，经常哭泣，心情十分忧郁。

尽管如此，贾谊还是以国事为重，为文帝出谋献计。因为梁怀王刘揖没有儿子，按例他的封国就要撤销。贾谊感到，如果这样做，将对整个局势不利，不如加强文帝的两个亲子淮阳王刘武和代王刘参的地位。

为此，贾谊建议，为梁王刘揖立继承人，或者让代王刘参迁到梁国，扩大梁国和淮阳国的封地，使前者的封地北到黄河，后者南到长江，从而连成一片。这样一来，一旦国家有事，梁王国足以抵御齐赵，淮阳王国足以控制吴楚，那么，汉王朝就可以安然消除山东地区的忧患了。

文帝听了贾谊的建议，因代王封地北接匈奴，地位重要，没有加以变动，就迁淮阳王刘武为梁王，另迁城阳王刘喜为淮南王。从后来吴楚七国之乱中，梁王刘武坚决抵御的作用来看，当初贾谊的这个建议和所作的部署，确实是深谋远虑的。

贾谊认为自己未尽到辅佐亲王的职责，他终日哭泣，第二年便在忧郁中去世了，时年仅33岁。

纵观贾谊短暂的一生，虽然他遭谗言而被贬，未登公卿之位。但是，他的具有远见卓识的政论和建议，受到文帝的重视，这是那些身居高位而庸庸碌碌的公卿们所不能比拟的。

贾谊一生虽然短暂，但是，就在这短暂的一生中，他为中华文化宝库留下了一份珍贵的文化遗产。在西汉政论散文的园地中，贾谊的散文堪称文采斐然。其最为人称道的政论作品是《新书》《治安策》和《论积贮疏》等。

《新书》又称《贾子》，是贾谊的政论文集，史书《汉书·艺文志》将其列入儒家，后存10卷58篇，其中《问孝》《礼容语上》两篇有目无文，实为56篇。

■古籍《新书》

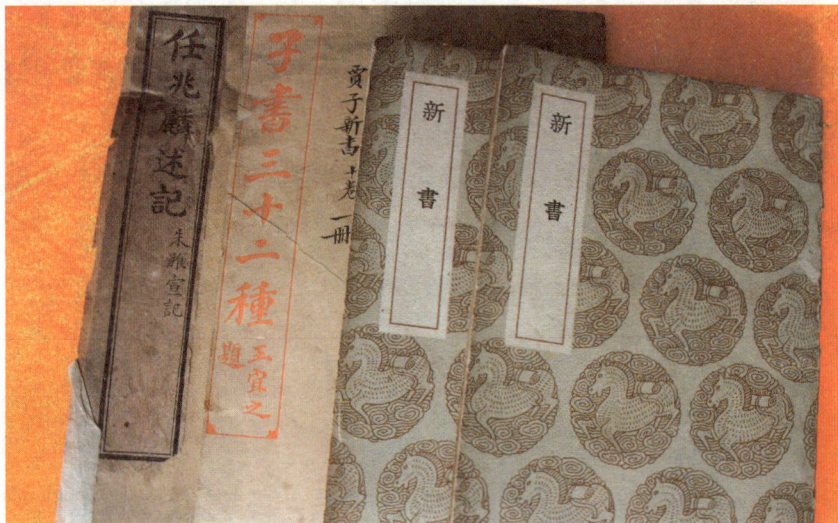

《新书》集中反映了贾谊的政治经济思想，开篇即为著名的《过秦论》，总结了秦朝灭亡的历史教训，提出了一系列政治主张。

《过秦论》是贾谊政论散文的代表作，分上中下三篇。全文从各个方面分析了秦王朝的过失，故名为《过秦论》。旨在总结秦速亡的历史教训，以作为汉王朝建立制度、巩固统治的借鉴。

《过秦论》是一组见解深刻而又极富艺术感染力的文章。上篇先讲从秦孝公到始皇逐渐强大的原因，指出其具有地理的优势、实行变法图强的主张、正确的战争策略、几代人的苦心经营等。

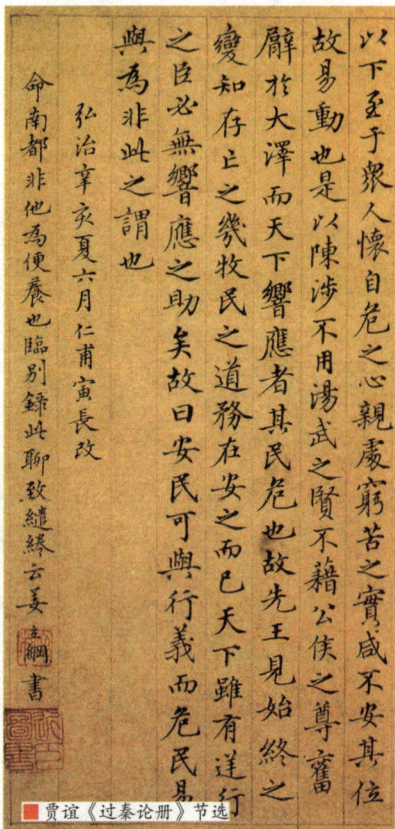
■ 贾谊《过秦论册》节选

在行文时，采用了排比式的句子和铺陈式的描写方法，造成了一种语言上的生动气势。之后则写陈涉虽然本身力量微小，却能使貌似强大的秦国覆灭，在对比中得出秦亡在于"仁义不施"的结论。

《宗首》《藩强》《权重》等篇则系统阐述了加强中央集权的思想，《大政》《修政》等篇则提出了利民安民的民本思想。

《新书》中的《礼》篇，指出：

道德仁义，非礼不成；教训正俗，非礼不备；分争辨讼，非礼不决；君臣、上下、父子、兄弟，非礼不定；宦学事师，非礼不亲；班朝治军、莅官行法，非礼威严不行；祷祠祭祀、供给鬼神，非礼不诚不庄。

《保傅》篇中指出：

天下之命、县于太子。太子之善，在于早谕教而选左右。

贾谊认为，对于太子应及早开始教育，并要选择好太子的左右侍从，包括担负教导职责的人员。他认为国家命运完全取决于君主个人，这当然是错误的，不过君主教育在古代确有其特殊重要的意义。

在《容经》篇中，贾谊提出了关于师傅之道的一些原则：

既美其施，又慎其齐。适疾徐，任多少。造而勿趣，稍而勿苦。省其所省，而堪其所堪。

也就是说，教师应注重施教内容的美好，同时又要考虑到学生能够达到的程度。掌握进度快慢、分量多少方面要适当。要激励、督促

贾谊故居

学生不断有所深造，又不要逼迫学生而使其感到困苦。总之，应使教学精要适宜，使学生力所能及，这样就可以"力不劳而身大盛"，这样的教学方法可谓"圣人之化"。

后来，西汉经学大师董仲舒在所著的《春秋繁露·玉杯》篇中也辑录了这段论述，表示"吾取之"，可见"圣化"的教学原则在当时的影响很大。

贾谊的思想受到历代许多学者的推崇。清代名士卢文弨在校注《新书》时，把贾谊和董仲舒并称为"经生而通达治体者"。

贾谊基于反思秦王朝灭亡的教训，较为全面而深刻地阐明了教育在国家政治和社会生活中的重要作用，奠定了"以教为本"的思想基础。他对实施最优越的君主教育的论述，在思想原则和制度措施上可为一般教育所借鉴，而且在教育内容和方法上也不乏有价值的见解。

贾谊的政论散文逻辑严密，感情充沛，气势非凡，体现了汉初知识分子在汉王朝大一统创始期的积极进取精神，具有建功立业的豪情壮志，代表了汉初政论散文的最高成就。

阅读链接

贾谊故居位于湖南长沙太平街，始建于西汉文帝年间，为长沙王太傅贾谊的府邸。汉武帝时期，由皇帝敕命修缮贾谊故居。这是对贾谊故居的第一次重修，此后的2000多年里，贾谊故居历经了约64次重修。明朝成化年间，长沙太守钱澍寻贾谊古井，募款修建贾太傅祠，这是贾谊故居第一次以祠宅合一的形制重修。

贾谊祠建有大观楼，祠前有一口井，相传是贾谊所凿，称太傅井，井旁有一石床，为贾谊当年原物。宅前有两块碑石，左右各一，高约丈余，字迹剥蚀不可辨认。又有大柑一株，传为贾谊手植。但是，后仅存亚殿一座，祠正堂正壁上，刻有屈原像。古井尚在，古碑尚存，旁另辟小巷，名为太傅里。

政治哲学著作——春秋繁露

那是在西汉初年，有个天资聪颖的少年董仲舒，酷爱学习，读起书来常常忘记吃饭和睡觉。

董仲舒的父亲看儿子废寝忘食地读书，担心他身体受损。为了让孩子能歇歇，他决定在后宅建一个花园，让孩子多到花园散散心歇歇脑子。

第一年，董父一边派人到南方学习，看人家的花园是怎样建的，一边准备砖瓦木料。头一年动工，园里阳光明媚、绿草如茵、鸟语花香、蜂飞蝶舞。姐姐多次邀请董仲舒到园中玩。他手捧竹简，只是摇头，继续看竹

董仲舒画像

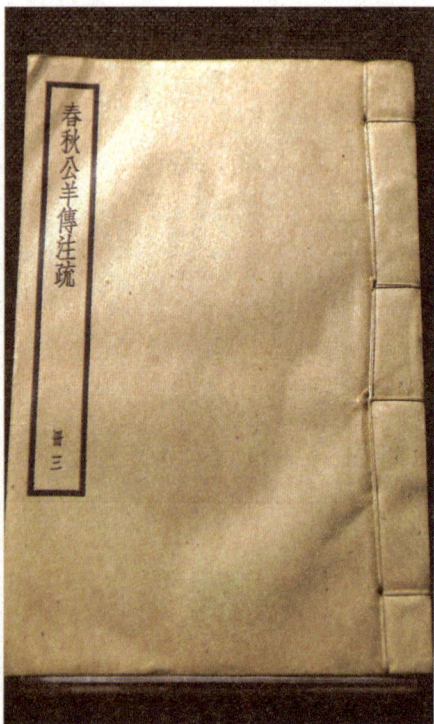

■《春秋公羊传》

博士 古代官名。秦汉时，博士是掌管书籍文典、通晓史事的官职，后成为学术上专通一经或精通一艺、从事教授生徒的官职。汉武帝时，《易》《书》《诗》《礼》《春秋》每经只有一家，每经置一博士，各以家法教授，故称五经博士。

简，学孔子的《春秋》，背先生布置的诗经。

第二年，小花园建起了假山。邻居、亲戚的孩子纷纷爬到假山上玩。小伙伴们叫他，他动也不动，低着头在竹简上刻写诗文，头都顾不上抬一抬。

第三年，后花园建成了。亲戚朋友携儿带女前来观看，都夸董家花园建得精致。父母叫他去玩，他只是点点头，仍埋头学习。中秋节晚上，董仲舒全家在花园中边吃月饼边赏月，可就是不见董仲舒的踪影。原来董仲舒趁家人赏月之机，又找先生研讨诗文去了。

董仲舒"三年不窥园"，刻苦读书，遍读了儒家、道家、阴阳家、法家等各家书籍。随着年龄的增长，终于成为令人敬仰的大师。他在汉景帝时任博士，讲授《公羊春秋》。

公元前140年，汉武帝刘彻即位。他命令群臣选出"贤良文学之士"，把他们召集起来，由他亲自考试。在这次考试中，董仲舒很好地解答了汉武帝提出的问题，并由此走上历史舞台。

针对汉武帝的策问，董仲舒连上了3篇策论作答，提出了自己的一系列主张。这就是著名的《天人三策》。

在第一篇"对策"中，董仲舒针对汉初以来崇尚"黄老之学"中"无为而治"的政策，写了一篇近2000字的"对策"之册，向汉武帝建议实行有为政策，系统地提出了君之道和治理天下的手段，对汉武帝产生了更大的影响。

在第二篇"对策"中，董仲舒建议汉武帝兴办太学，选派明师，宣传和发扬儒家的思想学说。还建议改革吏制，让诸侯、郡守和其他高级官员每年选择两人推荐给皇帝，选得好的官员有赏，选得不好的官员受罚。这样，天下的贤士都可被发现，都可以为朝廷所用。

董仲舒的两次"对策"层层递进，深入而明确地提出了尊儒兴教，德刑并施的主张，赢得了汉武帝的充分信任。

不久，汉武帝又进行了第三次策问，这次主要是关于天人感应的问题。于是，董仲舒第三次"对策"，不但宣扬了天人感应，还进一步阐述了自己的主张。尤其独特的是，他在文章中明确提出"不在六艺之科、孔子之术者，皆绝其道，勿使并进"。这就是著名的"罢黜百家，独尊儒术"主张。

汉武帝看到董仲舒

汉武帝（前156年—前87年），刘彻，西汉第七位皇帝，杰出的政治家、战略家、诗人。16岁登基。开创察举制选拔人才，颁行"推恩令"，消弱王国势力，并将盐铁和铸币权收归中央。文化上采用了董仲舒的建议，"罢黜百家，独尊儒术"。

059

学术嬗变

两汉争鸣

■ 董仲舒建言汉武帝

■ 董仲舒写作《春秋繁露》浮雕

相国 汉朝廷臣的最高职务。战国时代称为"相邦"。汉高祖刘邦即位后，为避讳改称为相国。后代对担任宰相的官员，也敬称相国。明清对于内阁大学士也雅称相国。后来慢慢地变成只有"丞相"一职。

的对策，感到十分惊奇，他终于发现了最适合于自己的治国思想论调。汉武帝由此施行了一系列措施，对当时的社会和历史的发展起了重大的作用。这一切都源于董仲舒所奠定的思想基础。

董仲舒促成了汉武帝实行尊儒改革后，被任命为江都王的相国，他在这个岗位上做了9年，之后又做了4年胶西王的相国，从此结束了仕途生涯，回到家里埋头著书研学。

董仲舒认真地总结了自己50余年的心得体会，加上对《公羊春秋》的研究，写成了17卷82篇的《春秋繁露》。

在《春秋繁露》中，董仲舒把"天人感应"的思想融进文章中，认为王者能起到参天地的巨大作用，广大"民""众"也能影响上天。还把"四权"和"三纲五常"在书中归纳了出来，认为君为臣纲、父为子纲、夫为妻纲是上天的意志。在《春秋繁露》中，董仲舒阐说了"三统说"。三统从黑统开始，经历白统到赤统，又复归黑统，他认为这是历史的发展规律。

公元前104年，董仲舒病逝，终年75岁。他的墓地在西汉京师长安西郊。

有一次汉武帝经过那儿，特意下马致意。故此，董仲舒的墓地又称为"下马陵"。

董仲舒从一位杰出的学者到皇帝的智囊，从当相国到著书立说，他最终成为西汉著名的思想家、儒学家、哲学家和今文经学大师。他的廉洁正直，刻苦钻研精神，得到了后人的推崇。

董仲舒和他的《春秋繁露》主张大一统、罢黜百家，对当时的社会产生了深远的影响；他首倡独尊儒术，"三纲五常"，对后来的历史发展产生了巨大的影响。从此，儒学开始成为官方哲学，并延续久远。

学术嬗变
两汉争鸣

三纲五常 三纲指君为臣纲，父为子纲，夫为妻纲。五常指仁、义、礼、智、信。三纲理论体现了法家的君本位思想。五常则是指儒家的仁、义、礼、智、信。董仲舒通过上定名分来教化天下，以维护社会的伦理纲常、政治制度。经法家化改造之后的儒家被称为"内法外儒"。

阅读链接

董仲舒曾经讲过一个春秋时期鲁国相国公仪休不与民争礼的故事。公仪休身居高位，看到自己家人在纺织布匹，很是气愤，休了自己的妻子。在公馆中吃到葵菜，也很生气，跑到园子中拔掉了葵。他的理由是自己已经吃上国家的俸禄，家人如果自己织布、种菜，那么那些专门织布的妇女、专门种菜的农民就没有了生活来源，等于是抢夺了他们的生计。

董仲舒认为，正确的为政之道是：政府官员享用国家俸禄，就不应经营农业、工业或商业，不应与民争利。这样民众也就有利可图，养家糊口，维持生计了。

政论性散文集——盐铁论

　　那是在汉武帝时期，为了掌握全国经济命脉，从经济上加强封建中央集权，抗御匈奴的军事侵扰，打击地方割据势力，汉武帝开始推行大商人出身的著名理财家桑弘羊为主所制定的盐铁官营、酒类专卖及均输、平准、统一铸币等一系列重大财经政策。

　　这些经济措施，适应了当时巩固西汉王朝政权的需要，为西汉王朝奠立了坚实的财政经济基础，同时也给农业生产、中小工商业和群众生活带来了某些不便与困难，特

■ 桑弘羊（前152年—前80年），出身洛阳商人，13岁时因心算过人，在汉武帝身边为官，深得汉武帝赏识重用，历任大农丞、大农令、搜粟都尉兼大司农等要职，统管中央财政近40年之久。桑弘羊忠心耿耿，为西汉王朝奠立了雄厚的物质基础。

■ 古代的盐官

别是剥夺了地方诸侯和富商大贾的既得利益，引起了他们的强烈不满和反对。

因此，盐铁官营、酒类专卖等问题，成了当时社会政治经济生活中的大事。

公元前81年，朝廷从全国各地召集有"贤良"名望的人士和儒家文人60多人到京城长安，与政府官员共同讨论民生疾苦问题，后人把这次会议称为"盐铁会议"。

在会议上，朝廷中丞相田千秋、御史大夫桑弘羊及其僚属为一方，各地方推举的"贤良""文学"为另一方，就现行的政治经济政策广泛地进行质疑、检讨。双方针锋相对，争辩激烈。

桑弘羊强调法治，崇尚功利，坚持国家干涉经济

田千秋（？—前77年），即车千秋，西汉人，战国时田齐后裔，其先人于汉初徙居长陵。原为高寝郎，供奉高祖陵寝。汉武帝废太子因江充谮害而死，他上书诉冤，武帝感悟，擢用为大鸿胪，数月后任丞相，封富民侯。为人谨厚持重。

■ 古代制盐图

汉宣帝（前91年—前49年），刘询，本名刘病已，西汉第十位皇帝。汉武帝曾孙，庚太子刘据长孙，少遭不幸，流落民间，察知民间疾苦。即位之后，能躬行节俭，多次下令节省开支，改革吏治，稳定社会局势。对外大破匈奴和西羌，巩固了西汉的版图，史称"中兴"。

的政策，对盐铁官营、平准、均输等重大政策措施采取坚决维护的态度，认为它"有益于国，无害于人"，既可以增加国家财政收入，"以佐助边费"，又有发展农业生产，"离朋党，禁淫侈，绝并兼之路"的作用，因而决不可废止。

桑弘羊为盐铁官营等政策辩护时，全面地提出了他对工商业的看法。他受东周大商人范蠡、白圭的重商思想和国家经营工商业的思想影响，认为工商业在人民经济生活中是不可少的。

桑弘羊同时认为工商业应该由政府控制，发展官营工商业。这样既可以增加国家财政收入，又可以"排富商大贾"，抑制他们的兼并掠夺，有利于"使民务本，不营于末"。

然而，当时被称作是"贤良""文学"的文人们全面抨击了汉武帝时制定的政治、经济政策。在经济方面，他们提出了战国以来法家的重本抑末说，认为官营工商业"非治国之本务"，主张"进本退末，广利农业"，指责官府经营工商业是"与商贾争市利"。他们的重本抑末说，实际上是要抑官营工商业，而为私人工商业争取利权，是计划经济向市场经济转化的一种方式。

会议结果，废除了全国的酒类专卖和关内铁官。事过30年，史官桓宽根据这次会议的官方记录，加以“推衍”整理，增广条目，把双方互相责难的问题详尽地记述出来，写成《盐铁论》。

桓宽在汉宣帝时出仕为郎官，后来做了庐江太守。他在撰写《盐铁论》的时候，服膺儒家思想，在政治上站在反对桑弘羊的立场，但他把盐铁会议辩论双方的思想和言论比较忠实地整理出来。它是我国历史上第一部有关盐铁问题的结构严整、体制统一的经济学著。

《盐铁论》全书共分为10卷60篇，分3部分：第一部分从首篇《本议》到41篇《取下》，为整个会议进行情况的全面记述；第二部分从42篇《击之》到59篇《大论》，为会议结束后的余论，是贤良、文学向丞相及御史大夫桑弘羊辞行时，由桑弘羊提出的关于匈奴以及法治、礼治诸问题的辩论；第三部分为最后一篇《杂论》，是作者序言。

《盐铁论》不仅保存了西汉中期较丰富的经济史料，也把桑弘羊这一封建社会杰出理财家的概略生平、思想和言论相当完整地保留了下来，成为研究我国经济思想史、特别是西汉经济思想史的一部重要著作。

阅读链接

《盐铁论》中，桓宽真实地记录了输家桑弘羊当时的种种表情，如“作色不应”“悒悒而不言”等。桑弘羊前后发言130多次，均是为专营政策做顽强的辩护。

在盐铁会议上，面对种种指责，桑弘羊只提出了一个问题：在对外战事不断、国内天灾频繁的时候，如果通过增加税赋的办法来解决财政上的困难，势必激发民变，无异于饮鸩止渴，而采取官营工商业的办法，却完全可以达到“民不益赋”又增加收入的目的。除此之外，还有什么更好的办法吗？可惜，在场的贤良文学们没人能回答得了这个问题。

政治讽谏故事集——新序

那是在西汉时期，有个皇族成员名叫刘向，他博学强记，并没有依靠高贵出身混日子，最终成为一位著名学者。

汉成帝时，朝廷通过各种途径征集了大量文献，存放于皇家图书馆天禄阁。因当时文献皆为竹简、木牍，以竹、木为材料连缀而成。这样，时间一长，文献的错乱虫蛀等现象十分严重，需要进行大规模的整理。于是汉成帝命令时任光禄大夫的刘向负责儒家经典六艺、诸子、诗赋的校勘。

刘向画像

传说有一天，刘向在天禄阁校书至深夜，当烛尽灯灭之后，仍不肯就寝，就在暗

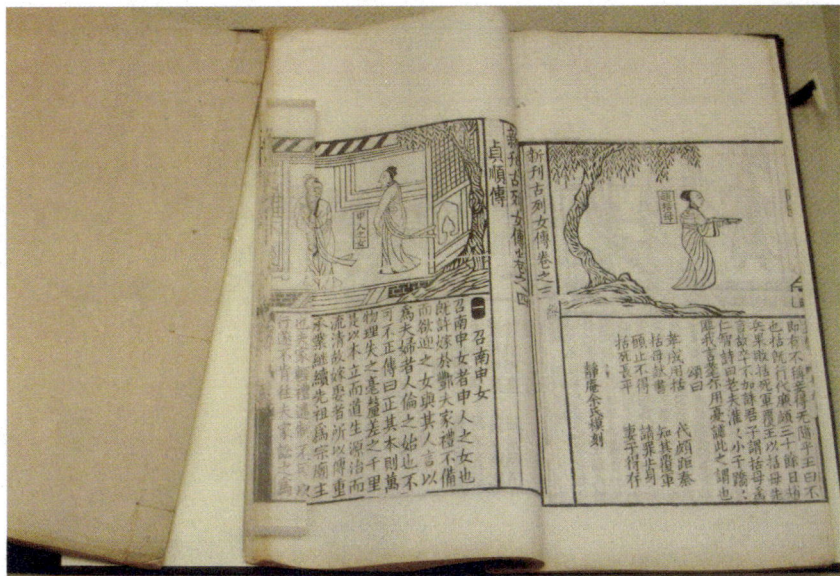

■《列女传》

室中背诵经书。忽有一位黄衣老人，手柱青藜杖叩门进来，接着将手中青藜杖顶端一吹，藜杖竟然燃烧起来，发出光芒，照亮了暗室。

刘向见状，对老人肃然起敬，因而施礼相迎，并询问老人尊姓大名。

老人答道："我乃太乙真人，闻知你好学，特来视察。现赠你《洪范五行》之文。"老人说完，从怀中取出一卷简牍，传授给刘向。

此后，刘向果然成为一代著名的文学家和经学家。他还写成了我国最早的目录学著作《别录》，并著有《新序》《说苑》《列女传》《洪范五行传论》等书。

刘向有个儿子叫刘歆，是东汉古文大家，据说刘歆用《洪范五行》之法，帮助权臣王莽不断接近政权核心，故作清高，最终篡汉成功。

刘歆 字子骏，汉高祖刘邦四弟楚元王刘交五世孙，宗正刘向之子。是我国儒学史上的一个重要人物，后因谋诛王莽事败自杀。公元前6年改名刘秀。西汉后期的著名学者，古文经学的真正开创者。他不仅在儒学上很有造诣，而且在校勘学、天文历法学、史学、诗等方面都堪称大家，他编制的《三统历谱》被认为是世界上最早的天文年历的雏形。

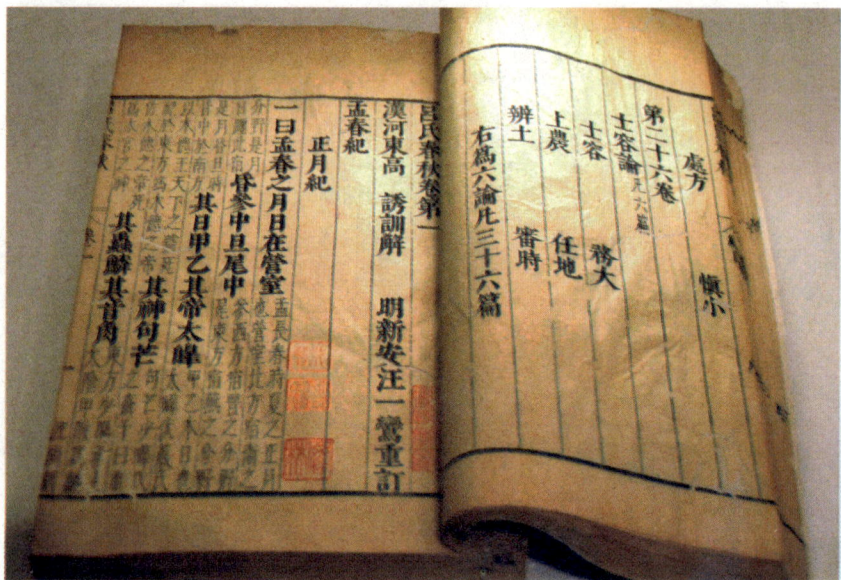

统御之道

政论专著与文化内涵

■《吕氏春秋》

《韩诗外传》
西汉学者韩婴编著，是由360条轶事、道德说教、伦理规范以及实际忠告等不同内容杂编成书，一般每条都以一句恰当的《诗经》引文作结论，以支持政事或论辩中的观点。《韩诗外传》是实际运用《诗经》的示范性著作。

可惜这些都是传说，《洪范五行》并没有流传下来，刘向根据各种典籍，将先秦到西汉的历史人物的活动和议论，分门别类整理出了一部具有讽谏意味的寓言集《新序》，进献给皇帝，这本书因而得以流传存世。

《新序》是历史故事类编，是刘向现存最早的一部作品。尽管《新序》中的许多故事采自诸子史传，但就其材料取舍、思想内容来看，均体现了作者德治仁政、贤人治国、民本、从善纳谏等思想观念。

《新序》一共10卷，分为《杂事》5卷、《刺奢》1卷、《节士》2卷、《善谋》2卷，文辞简洁，语言生动，议论透彻，主要是劝诫如何为君、为臣、为士民，匡救时弊，治理百姓。

《新序》绝大部分条目都是对早期哲学或历史著作中的材料摘录后加以转述或直接照抄而成。这些著作主要是《吕氏春秋》《韩诗外传》《史记》《战国策》以及《春秋三传》《庄子》《荀子》。

《新序》卷六讽刺统治者的荒淫奢侈，卷七赞扬大臣的全节和忠诚，卷八赞扬义勇之士，卷九和卷十讲述大臣的善谋。该书的思想基础是儒家学说，尤其强调统治者必须为人正直，要多听民众意见和留心贤能有德之士，这些贤能之士不应动摇自己告诫和谴责残暴或愚蠢的国君之心。

书中大多数历史故事集中在春秋时期，最后一卷，也就是卷十，则都是汉代的故事。书中前五卷冠以"杂事"之名。虽然这些卷的标题中有"杂"字，但实际上它们是一个统一的整体，它们通过一系列的范例，借以说明一个好政府的基本因素。

刘向的《新序》一直被世人认为是一部很有价值的、对当世和后人也很有借鉴意义的著作。从思想上说，它劝谏人君要对人民宽厚仁爱、劝谏人君广纳贤才并强调了诚信的重要意义；在文学价值方面，它提供了几个创作方面的技巧，这是当代经常使用的方法；在文献学方面，它在目录学和版本学上有其不可忽视的作用。

阅读链接

《新序》中有个"朱公说璧"的故事。梁王召见朱公，说梁国有件疑案，众说纷纭，让朱公判决一下。朱公以玉璧作喻，说"一块价值千金，而另一块价值只有五百金"。梁王感到很奇怪，朱公说："从侧面看，一块比另一块厚一倍，所以价值千金。"梁王马上领悟到朱公的意思是：对可判可不判的案件就不判，对可赏可不赏的人则赏赐。从此，梁国上下，皆大欢喜，一片祥和。

这个故事的寓意是：宽大为怀，厚以待人，赏罚得当，便能深得人心。

抨击时政得失——潜夫论

在东汉时期，全国的政治经济文化中心，始终围绕着洛阳、长安等中原地区，全国各地的文化学子纷纷奔赴繁华京畿，以求在精英荟萃之地扬名立万，或者是在诸侯王封地周边的文化圈中，寻求机会。但也有人独树一帜，这个人就是王符。

王符住在与匈奴、羌人邻近的边远偏僻的甘肃。由于他的才华非同凡响，虽居边地，却与当时天下闻名的经学家马融、文章大家窦章、历法算学家张衡、书法家崔瑗四人相交笃厚。

当时平定羌乱的度辽将军皇甫规是王符的同乡，皇甫规告老回乡，当地官吏来见他，他都不怎么在乎，可是王符来时，他却衣不及带，倒屣出迎，同坐极欢。

王符虽有才华名望，但因为是家中庶出，没有舅舅家的支撑，在家乡很受歧视。汉代嫡庶十分严明，庶出不但没有继承权，若是母系来路不清，更是要遭人轻贱。因为王符庶出，当时和后世都说他"无外家"。

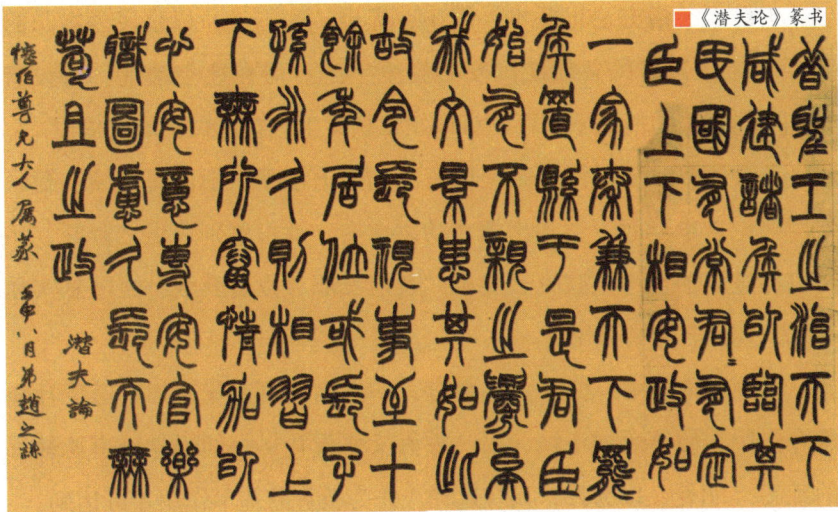

《潜夫论》篆书

071

学术嬗变

两汉争鸣

王符性格耿直，不苟于俗，外出游宦数年，未获升迁。最终愤而隐居，终生不仕，用毕生的才学著出《潜夫论》，对后世影响较大。

《潜夫论》共36篇，多数是讨论治国安民之术的政论文章，少数也涉及哲学问题。他对东汉后期政治社会提出广泛尖锐的批判，涉及政治、经济、社会风俗各个方面，指出其本末倒置、名实相违的黑暗情形，认为这些皆出于"衰世之务"，并引经据典，用历史教训警告当时的统治者。

王符把社会的黑暗动乱的根源归之于管理不明，把治理乱世的希望寄托在明君和贤臣身上，希望明君能任贤使能，忠信纳谏，天下就能太平。他建议采取考功、明选等办法，来改革吏治，反映了当时寒门庶族参政的强烈要求。

王符的政论文中有同情人民、重视人民的思想，他强调"国以民为基，贵以贱为本"。这是对先秦时期"民本"思想的继承和发扬。在经济政策上，他要求重本抑末，重视发展农业生产，爱惜民力，重视对边远地区的防御和建设。他反对谶纬迷信，大量揭露官吏豪强奢侈浪费和迫害人民的罪行。

王符于《潜夫论·务本》篇中，提出"为国者，以富民为本"的观点。他认为富民必须使民安心勤事生产。但在社会动乱、劳役繁重、刑罚扰民的情况下，百姓难以正常从事生产，富民就难以指望。

王符还提出要以考绩来检验官吏的能力水平。他的《考绩》篇，专门讨论这个问题。他提出按考功之虚实，就可鉴别官吏之贤奸，还可以促进政治。考核官吏，要求"各居其职，以责其效"，即从实际出发，观察名实是否相符。

《潜夫论》中，格外关注教育，一方面要重德化，加强道德社会教育作用，使德政加于民，另一方面又要重礼义，加强学校道德教育的意义，明礼义以为教，只有这样，作为教育的基本作用才可达到。

书中指出，学习要重方法。学习时尽量凭借有效的手段来学习。这犹如再能跑的人，不如乘车快，所以，学习如果忽视了方法，那么虽智力相差不到百倍，而成效则差于万倍。

书中还提到，学习要重互助。而学问是人与人的经验与成效的结晶，非任何一个人所能为，所以学习时要与周围人交换其所知，切忌闭门读书，不相往来。

王符一生的思想精粹，全部贯注在他的《潜夫论》里，这部书不显于当世，直到《隋书·经籍志》才被列入了目录，使得天下更多的人了解了这部著作。

阅读链接

相传，王符爱柏如痴，在故乡镇原潜夫山种了360棵柏树。每次新种了柏树，王符必定下荫沟挑水，途中遇到求水者，不论贫富，总是慷慨赠饮。等求水人走后，他再绕路重挑。

传说有一年陇上大旱，土地神化身为白须老翁，几次在王符挑水路上求水，但土地神喝完之后就避开王符。王符担心老翁故意回避自己，便四处呼叫。土地神被王符的善良感动了，上奏给玉皇大帝，天降甘霖解除了旱情。

魏晋之风

魏晋时期是我国历史上政治制度比较独特的一个阶段，这个时期的学术思潮和玄学思潮，在一定程度上反映了当时一部分知识分子改革、发展和补充儒学的愿望。他们虽然倡导玄学，实际上却在玄谈中不断渗透儒家精神，推崇孔子高于老庄、名教符合自然等思想观念。

这个时期的统御政论文章，已经不再局限于思想流派的争辩，而是发展到对政治格局、官员考评，及社会民生的讨论方面。但此时的政论文章主要体现在清谈方面，有些脱离实际的虚幻。

政治哲学论著——中鉴

那是在东汉末年，有个神童叫荀悦，自幼聪颖好学，因为家境贫寒买不起书，他就到处借阅。借书不能长时间不还，幸亏他过目不忘，看一遍便能全部记住。他看得快，看完还给人家，便能很容易再借到新书。

就这样，荀悦博览群书，12岁时就能讲解《春秋》，年轻的时候，就已经成了非常著名的学者。

当时正处于汉灵帝时期，宦官专权，荀悦不愿出仕，隐居乡野。家人都不理解他，只有堂弟荀彧特别钦佩他。等到东汉著名政治家曹操稳定了北方政局，荀悦便被荀彧推荐到曹操府中工作，后来汉献帝迁都许昌，荀悦被任命为黄门侍

汉献帝浮雕像

郎，累迁至秘书监、侍中。

荀悦的工作主要是陪在汉献帝
身旁，为他讲解经史政事，两人天
天讨论典籍，荀悦深得汉献帝称赞
信任。

汉献帝因为《汉书》文体繁复
难懂，让荀悦用编年体改写。荀悦
依据《左传》的体裁，写成《汉
纪》30篇，时人称其"辞约事详，
论辨多美"。

荀悦辅佐汉献帝本意是为了匡
扶汉室，但当时曹操执掌文武大
权，挟天子以令诸侯，荀悦纵有满腹才华，但"谋无
所用，乃作《申鉴》"。

■ 荀悦画像

《申鉴》全书5卷，包括《政体》《时事》《俗
嫌》《杂言》等，都是为了重申历史经验，供皇帝借
鉴的。

《申鉴》抨击谶纬符瑞，反对土地兼并，主张为
政者要兴农桑，宣文教，立武备，明赏罚。书中对当
时名儒董仲舒的"性三品"进行了改造，注入了新的
内容，提出了自己不同的观点。

同时，书中又否定了孔孟"上智下愚不移"的观
点，对百家中的荀子性恶论和公孙龙本性无善恶之
分，对西汉文学家扬雄的善恶混合论也持否定态度，
对当时社会上流行的迷信说法，都做了批判。

《申鉴》所探讨的上述问题，对魏晋玄学有很大

曹操（155年—
220年），字孟
德，东汉末年杰
出的政治家、军
事家、文学家、
书法家。他以汉
天子的名义征讨
四方，统一了中
国北方，并实行
一系列政策恢复
经济生产和社会
秩序，奠定了曹
魏立国的基础。
曹操还开启并繁荣
了建安文学，给后
人留下了宝贵的精
神财富，史称"建
安风骨"。

影响，尤其是他的人性论为唐代大文学家韩愈所吸收，产生了较深远的影响。

此外，《俗嫌》篇，还有一句著名的帝王立身之言：

> 不受虚言，不听浮术，
> 不采华名，不兴伪事。

这句话的意思是：不要听动听的话语，不要相信不切实际的方法，不谋取浮华的名声，不做虚伪的事。这句话在后世被很多帝王作为修身准则。

《申鉴》全书恪守传统儒学，又主张德刑并用，限制兼并，以缓和社会矛盾。书中还极力主张抑制权臣，维护封建等级秩序，以强化皇权，是汉末知识分子政治观点的代表之作。

阅读链接

《申鉴》中记载着这样一个"一孔之见"的故事。从远方飞来了一群鸟，捕鸟人在林中张好了网，飞鸟一落，他把网一收，就捉住了许多鸟。有个过路人发现一只鸟只不过钻一个网眼，剩下的许多网眼儿都空着，于是他心想："捕鸟何必用这么大的网呢？一只鸟钻一个网眼儿，剩下的许多网眼儿不就浪费了吗？"于是他回家就用一根绳子做成一个一眼儿的"网"。然后，他高高兴兴地用它去捕鸟。人们问他："这小圈圈是做什么用的？"他理直气壮地说："用这个'网'去捕鸟啊！"结果，他连一只鸟也没捕到。

这个故事的寓意是：一心想走捷径的人，往往事与愿违。

识人品人宝典——人物志

早在西汉建立之初，为了适应日益庞大的官僚机构对吏员的需要，汉王朝逐步的建立和形成了一套选拔统治人才的选官制度，具体包括了皇帝征召、私人荐举等多种方式，但最制度化的是"察举"，即由地方或中央各部门长官负责考察和举荐人才，朝廷予以录用为官。曹操便是因察举制度中的"举孝廉"，得以20岁入洛阳为官的。

《人物志》作者刘劭画像

察举各科设置之初，还能体现选贤任能的原则，也的确选拔出不少济世之材。同时极大地促进了讲习儒经的社会风气的形成和教育的发展。但延续到东汉后期，士人为了沽名钓誉，弄虚作假，或者攀附权

■ 东汉时期讲坛画像砖

统御之道

政论专著与文化内涵

袁绍（？—202年），出身名门望族，自曾祖父起四代有五人位居三公，自己也居三公之上，其家族也因此有"四世三公"之称。在汉末群雄割据的过程中，袁绍先占据冀州，又先后夺青、并二州，并于建安四年击败了割据幽州的军阀公孙瓒，势力达到顶点；但在建安五年的官渡之战中大败于曹操，后病死。

贵，贿赂请托。因而士风日下，察举不实。

尤其是东汉末年，祸乱四起，由官员推荐人才的察举制度早已经漏洞百出，出现了"举秀才，不知书。举孝廉，父别居。寒素清白浊如泥，高第良将怯如鸡"的可笑现象。在这种情况下，由名士品评人物的做法开始出现。

东汉末年著名贤士许劭和他的堂兄许靖，才识谋略过人，在清河岛上开办了一个讲坛"月旦评"，每月初一命题清议，评论乡党，褒贬时政，不虚美，不隐恶，不中伤，能辩人之好坏，能分忠奸善恶，不论在朝或在野人物，都在品评之列。评后验证，大家都非常信服。凡是得到好评的人，无不名声大震。

当时袁绍名播海内，权贵大臣都不放在眼里，唯独畏惧许劭的评价。许劭在曹操年轻时，曾经品藻他是"治世之能臣，乱世之奸雄"，可见眼光之准。

"月旦评"讲坛引得四方名士慕名而来，以能得到"二许"一字之评为荣。后来，"月旦人物"便成为品评人物的一个成语。许氏兄弟利用"月旦评"为时政举荐了不少人才，对当时取士有着很大影响。

到了汉末魏初，社会上对人物品题由对具体人物的评论，发展到对人物才性高下标准的讨论。刘劭的《人物志》便反映了这一思想特点，书中对评论人物才性的原则和标准进行了比较广泛深入的讨论。

魏文帝曹丕称帝前，为了拉拢士族，采纳魏吏部尚书陈群的意见，制定了九品中正制，使其成为魏晋南北朝时期重要的选官制度。《人物志》就是在推行九品中正品评人物、选择人才的大背景下形成的专著，旨在为推行九品中正制在理论上提供依据，在实践上总结经验，以推动这一制度的发展和完善。

《人物志》作者刘劭，官至尚书郎、散骑侍郎，赐爵关内侯。受魏文帝诏，搜集"五经"群书，分门别类，纂为《皇览》。又与议郎庚嶷、荀诜等共同制订律令，作《新律》18篇，著《律略论》。

刘劭糅合了儒家、道家、名家、法家各家学说，在《人物志》中，讲述了鉴定人才之术、量能用人之方及对人性的剖析。探讨了人才选拔的标准原则问题，并且对人性、才能和形质等

九品中正制 又称九品官人法，是魏晋南北朝时期重要的选官制度。此制至西晋渐趋完备，南北朝时又有所变化。它上承两汉察举制，下启隋唐之科举，在我国古代政治制度史上占有十分重要的地位。约存在了400年之久。

■魏文帝曹丕

分析甚详，这本书开创了魏晋士大夫品鉴人物的清谈风气，对后世如何观察甄定人物，也有一定的借鉴作用。

刘邵认为从人的外形起止，可以观察他的才干和性格。人之筋、骨、血、气、肌与金、木、水、火、土五行相应，而呈显弘毅、文理、贞固、勇敢、通微等特质。此5种特质又分别象征仁、义、礼、智、信"五常"，表现为五德。换言之，自然的血气生命，具体展现为精神、形貌、声色、才具、德行。内在的材质与外在的征象有所联系，呈显为神、精、筋、骨、气、色、仪、容、言等，是为九征，这相当于所谓气质的层次。

依照不同的才性，刘邵将人物分为兼德、兼才、偏才等3种。透过德、法、术等3个层面，依其偏向，又可分为12才，即清节家、法家、术家、国体、器能、臧否、伎俩、智意、文章、儒学、口辩、雄杰，依其才能不同，适合担任的官职也不同。

刘劭研究人的心理现象，是为了找到这些心理现象产生和发展的规律，并在此基础上建立自己的伦理道德和修养学说以实现人才的政治目标。

阅读链接

魏明帝曹叡太和年间，刘邵任散骑常侍。一日朝堂忽然接到辽东太守公孙渊的计吏报告：孙权授予公孙渊燕王之号。

当时许多文武官员都主张扣留公孙渊的计吏，派兵讨伐。刘邵却认为，公孙渊的先世就效忠汉室，现在听说公孙渊受燕王称号，是虚是实，尚未审知就出兵，不是上策，更何况对于尚未巩固的边远地区，宜采用感化政策而不是派兵讨伐。因此，他建议对公孙渊厚加宽待，使其自新。不久，公孙渊果然斩了孙权的使臣张弥，前来报告。由此，魏明帝及文武官员都十分钦佩刘邵的远见。

政论性圣贤之道——中论

那是在东汉末年，外戚与宦官争权，军阀割据，士风沦丧，学子们在动乱中无所适从。时局混乱中，却有个读书人专心学习，不参与政治。他的名字叫徐干。

徐干自幼受家教熏陶。14岁开始读"五经"，废寝忘食，夜以继日，以至于父亲担心他过于勤奋搞坏身体，常加以禁阻。20岁之前就已能背诵"五经"，并博览传记。言则成章，操笔成文，后来成为东汉末年思想家、文学家、教育家。

当时州郡长官仰慕徐干的才名，想要请他出山。但徐干态度轻

徐干塑像

■ 曹丕、曹操和曹植塑像

掾属 佐治的官吏。人员由主官自选，不由朝廷任命。州、郡、县各级地方机构中长官之下的属吏。魏晋南北朝时期，其设置大致沿袭汉末之制，但在人员编制、名称、职权等方面各朝又有增减变易。各级掾属的选授，一般由地方自置。隋统一以后，改由吏部任免。

慢，不愿为官，他过着极贫寒清苦的生活，却甘之如饴，从不悲愁。

当时已经做了汉丞相的曹操，认为徐干的才华与众不同，特加礼聘，几次要他出来做官。第一次徐干因病推辞，第二次虽然接受了上艾县令的任命，却还是因病未就。后来曹操平定北方，统一全国有望，徐干这才出仕，做了司空军谋祭酒掾属，后来官至五官将文学，主要工作职责就是曹操的文学侍从。

曹操和他的两个儿子曹丕、曹植都爱好文学并喜欢奖励文士，在他们周围汇集了许多文人墨客，形成了以曹氏父子为中心的"建安七子"为代表的作家群。这些人饱读诗书、文辞华美，各具其才，他们共同创造了"建安文学"。

建安文学是我国古代文学史上一个充满理想和激情，富于创造意气和英雄精神的文学时代。当时汇集邺下的文士不下百余人，曹丕精选七人为代表，徐干排名第四，足见他的才华和品格出众，受世人尊重。

徐干最终还是不能适应内有权臣、外有群雄的政治格局，他无意仕进，辞职归乡，专心致力于学术研究和教授门徒。

徐干教学擅长循循善诱，针对学生特点取长补短，使学生在不知不觉中快速成长。同时，他开始写作政论著作《中论》，其意旨为"阐发义理，原本经训，而归之于圣贤之道"。此书因徐干病故而成未竟之作，现存20篇，共2.1万字。为北宋学者曾巩校馆阁群书时编。

《中论》全书分为上下2卷，从《治学》至《爵禄》这10篇为上卷，《考伪》至《民数》这10篇为下卷。篇目有：治学、法象、脩本、虚道、贵验、贵言、艺纪、覈辨、智行、爵禄、考伪、谴交、历数、论夭寿、务本、审大臣、慎所从、亡国、赏罚、民数。

品评天下
魏晋之风

建安七子 也称"邺下七子"。是东汉献帝建安年间7位文学家的合称，包括：孔融、陈琳、王粲、徐干、阮瑀、应玚、刘桢。这七人大体上代表了建安时期除曹氏父子外的优秀作者，他们对于诗、赋、散文的发展，都曾做出过很大的贡献。

■ 建安七子

徐干以儒家圣道为本，杂取百家，一一批驳，大至国家之乱、君臣之道、礼仪道德、天文历学，小到个人修身、为人处世。是一部现实性很强的议论性著作。书中针对当时文人崇尚华丽辞藻，而不注重阐发大义、弘扬圣贤之道和传播教化的陋风而作，目的是"上求圣人之中，下救流俗之昏"。

徐干继承儒家重学的传统观念，调理人的精神、思维、情感和本性等方面都有重要作用。学习就像照亮内心的太阳，可以启蒙开智。

徐干对东汉后期朝政废弛、道德沦丧以至学风败坏的现象进行了揭露和批判。他指出，由于是非混淆、黑白颠倒，致使士人离开故土，四方交游。不修德行道艺，而是夸夸其谈，矫饰其行，沽名钓誉，致使拜师交友只为结党营私，互相吹捧、提携。

《中论》力图以儒家思想为指导，矫正时弊，重建理想的社会政治制度。有关教育方面的论述，也是在阐明圣贤治学之道的同时，批判当时的不良学风和士风。清代学者龚自珍说："徐干《中论》，论儒者之蔽，既见要害，击而中之。"这是该书的一个显著特点。

阅读链接

东汉末年，大多数知识分子不得不在政治旋涡中沉浮。"建安七子"中除了徐干，排名第二的陈琳在汉灵帝时，做过大将军、国舅何进的主簿。当时，宦官擅权，何进欲诛宦官，何太后坚决反对，何进欲召集地方豪强，引兵来京城咸阳，以此恫吓、劫持太后。陈琳清醒地看出引狼入室的恶果，可惜力谏不成，最终何进导致董卓之乱，造成国家长期分裂和战乱。

何进去世后，陈琳一度避难依附于地方军阀袁绍，后来又归附曹操。担任与徐干类似的官职司空军谋祭酒，为曹操统一北方的大业做出了贡献，但是学术成就终究无法与徐干相比。

全面治国的理念——傅子

西汉出使西域的使节，
除了著名的张骞外，汉昭
帝时期的傅介子同样功绩
卓著。傅介子的后代傅燮，
在东汉末年任职期间，善于
处理西北民族关系，名望很
高。而傅燮的孙子傅玄，虽
然出身世代官宦，却因文学
思想方面的成就，历史名望
远远超过先祖。

傅玄年幼时，因做太守
的父亲被罢官，家人带着他
从甘肃逃到河南，所以他虽
然出身名门，却深知民间

西汉时期的陶俑

西汉竹质简牍

晋武帝 （236年—290年），司马炎，字安世，河内温县人。280年统一全国，为晋代开国君主。建国后采取一系列经济措施以发展生产，太康元年时，颁行户调式，包括了占田制、户调制和品官占田荫客制。太康年间出现了一片繁荣的景象，史称"太康之治"。

疾苦，同情农民。他被举孝廉后，选为著作史，撰写《魏书》。后来他升任弘农太守，精心政务，忠于职守，数次上书，陈说治国策略，直指弊端。因政见超众，奏章明晰，被封为男爵。

晋武帝即位，傅玄再次被提拔，封为子爵，掌握"谏职"。傅玄以敏锐的眼光，提出在阶级、民族矛盾的实际情况下，应以"举清远有礼之臣，以敦风节；未退虚鄙，以惩不恪"。意思是让皇帝广开言路，起用各地贤良，不合格的官吏要及时处罚清退。

傅玄的观点得到武帝的赞同，他针对西晋朝廷依靠世族，任人唯亲唯势，机构庞杂的情况，提出要以才录官，考察官员政绩，减少机构，使宦不废职于朝，国无旷官之累。又针对农业衰败，弃农商，富豪子弟游手好闲，不学无术的情况，提出"尊儒尚学，贵农贱商"。晋武帝很高兴，再次提拔傅玄为"侍中"，成为皇帝近臣。

268年，针对当时水旱灾和北方边境关系紧张的情况，傅玄提出"五条政见"，表达了他重农爱民的政治主张及反对"天命"的唯物观点。晋武帝十分赞许，下令按"五事"办理，并加傅玄为九卿之一的太仆。

后来，傅玄的政治哲学思想汇集为《傅子》一书，全书分为内、外、中篇，共4部、6录，合计140首，有十几万字。可惜这些作品大多佚失，后来仅存《傅子》24篇。

《傅子》中提出国家要安定，政治要清明，应以举贤为当务之急，这是巩固政权的保证，若按九品中正制选官，则多为世宦官僚，他们全仗门第高贵，不

品评天下

魏晋之风

九卿　夏代始设，包括天官冢宰、地官司徒、春官宗伯、夏官司马、秋官司寇、冬官司空以及少师、少傅、少保，合为"九卿"。秦汉时掌管政务、魏晋以后逐渐不具实权的朝廷诸官。西汉时九卿是列卿或众卿之意，后将九卿定为9种官职。

■ 举贤画像砖

一定都有才能胜任职守，结果只会造成政治腐败，国家机构瘫痪，社会无"公道"可言，最终使国家覆亡，这是古之先王的经验和教训。

傅玄认为教育应发挥育才的功效，根据社会各行各业的需要培养相应数量的专业人才，国家则应由此拟订全国士农工商的就业计划，实行分民定业。他认为："通计天下若干人为士，足以付在官之吏；若干人为商贾，足以通货而已。尊儒尚学，贵农贱商，此皆事业之要务也。"这里傅玄已有初步的职业教育的思想，对封建教育制度的改良有积极影响。

《傅子》还提出"分民定业"的政策，希望使天下之民做到各从其业各尽其职。还建议朝廷在租赋征课方面应信守四条原则，并精简机构，裁减冗官散吏，使之归之于农，并按其田产收其租税。这实质上也是在减轻人民负担的一条重要途径和有效措施。

傅玄作为晋初的文学家和思想家，他和他的《傅子》备受历代政治家和学者们的一致推崇。唐初的魏征为了给唐太宗提供"先王得失"之借鉴而编纂的《群书治安》，就大量收录了傅玄《傅子》的政论和史论。后来的各种典籍和史书中，均有傅玄《傅子》的篇章或记述。

统御之道
政论专著与文化内涵

阅读链接

傅玄曾在他的文章中写道："故近朱者赤，近墨者黑。"这个成语其实来源于孟子与国君的对话。

孟子用"近朱者赤，近墨者黑"的道理，说明周围环境对人的影响的重要性，从而说明国君应注意自己身边所用亲信的考查和选择。"孟母三迁"说明周围环境对人的影响，因而孟子是从小就受到这方面的熏陶，早有切身体会，所以能说得在理而又举例生动形象。从此，"近朱者赤，近墨者黑"就成了一句流传千古的名句。

隋唐论政

　　隋唐时期，由于国家统一，南北儒学逐渐融合。秦汉的黄老之学和魏晋的玄学已成过去，取而代之的是励精图治的现实政治主张，社会批判思想，儒家的礼治伦理思想和佛、道的宗教思想。

　　这一时期的政治思想，儒家占据主导地位，但这并没有妨碍其他各种思潮流派的光芒和传播。比如，王通的《中说》，李世民的《帝范》、武则天的《臣轨》、吴兢的《贞观政要》、赵蕤的《长短经》等，他们从各自不同的角度，阐释了统御之道，产生了深远影响。

理学教育先驱——中说

王通画像

隋代时有个儒学大师叫王通，15岁时就开始从事教学活动，18岁时游历四方，后来面见隋文帝，呈上《太平十二策》，主张"尊王道，推霸略，稽古验今，运天下于指掌"，深得隋文帝赞赏，被召之为官。

后来，王通辞官归乡，一心将兴王道的志向付之于著述《六经》和聚徒讲学的文化教育事业上去。他决心以古代隐逸贤才为榜样，"退而求诸野"，以著述和教学来为弘扬儒学做贡献。

王通前后用了9年的时间著成了《续六经》，也称《王氏六经》，包括《续诗》《续书》《礼论》《乐经》《易赞》《元经》等，共80卷。

《续六经》完成后，王通名声大噪，求学者纷至沓来，盛况空前，有"河汾门下"之称。不仅弟子多达千余人，他还结交了许多朋友和名流，其中学生薛收、温彦博、杜淹等，友人房玄龄、魏徵、王珪、杜如晦、李靖、陈叔达等，都是隋唐历史舞台上的主要角色。

■ 李靖塑像

王通教学，分门授受，他的学生窦威、贾琼、姚义授受《礼》，温彦博、杜如晦、陈叔达授受《乐》，杜淹、房乔、魏徵授受《书》，李靖、薛方士、裴晞、王珪授受《诗》，叔恬授受《元经》，董常、仇璋、薛收、程元授受《六经》之义。通过"通学"和"兼学"两种形式，培养出一大批各门类人才，为社会的稳定发展和学术的繁荣提供了新鲜内容的儒学理论。

王通去世后，学生们私下为他上谥号为"文中子"。为了纪念他，同时弘扬他在儒学发展中所做

李靖（571年—649年），隋末唐初将领，是唐代文武兼备的著名军事家。后封卫国公，世称李卫公。李靖善于用兵，长于谋略，原为隋将，后效力李唐，南平萧铣、辅公祏，北灭东突厥，西破吐谷浑，为唐王朝的建立发展立下赫赫战功。

■ 隋代时期的石刻

儒学 又称儒家、儒家学说，或称为儒教，是我国古代最有影响的学派。儒家并非通常意义上的学术或学派，它是中华法系的法理基础，对我国以及东方文明发生过重大影响并持续至今的意识形态，儒家思想是东亚地区的基本文化信仰。儒家最初指的是冠婚丧祭时的司仪，自春秋起指由孔子创立的后来逐步发展以仁为核心的思想体系。

的贡献，众弟子模仿孔子门徒作《论语》而编《中说》一书，又称《文中子中说》《文中子》。王通的《续六经》在唐代失传，只有《中说》流传下来。

《中说》用讲授记录的形式保存下王通讲课时的主要内容，以及与众弟子、学友、时人的对话，共为10个部分，是后人研究王通思想以及隋唐政治思想发展的主要依据和参考。其中包括了王道篇、天地篇、事君篇、周公篇、问易篇、礼乐篇、述史篇、魏相篇、立命篇和关朗篇等。

《中说》虽在形式上仿效《论语》，在内容上却有所创新，并有明显的时代特点。

首先，王通以昌明王道、振兴儒学为教育的根本目的。认为一个国家的兴衰要依靠各种人才，而人才的养成必经学校的培养，有了合格的人才，王道才能倡明，儒学才能振兴。

王通处于儒、佛、道三教争衡碰撞的思想动荡时期，传统儒学教育的正统地位受到严重威胁，而且儒家思想本身也出现陈旧和僵化的现象。为了振兴和发展儒学，王通认为一味排斥佛道并非良策，而应探索一条融合三教的合理途径。

王通明确提出了"三教可一"的主张，以积极的态度吸收佛道思想及方法之长，为儒学的改造和发展提供有益的养料。

王通在一生为振兴儒学奋斗的同时，非常重视道德伦理方面的建设，尤其重视道德修养问题，并提出了有关的原则和方法。

他首先说明了"人心"与"道心"的矛盾，以及如何防止"人心"泛滥和"道心"扩充的问题。在他看来，人的道心即是人类性善的本源，由此善性便可派生"仁、义、理、智、信"五常。

此外，王通还主张"正心""诚""静""诚""敬慎""闻过""思过""寡言""无辨""无争"等。

一方面，王通在儒学讨论的传统问题上加以强调与发展的，如主张"正心""诚""闻过"等。

另一方面，又吸收了老庄、佛释的某些思想，主张"无辨""无争""寡言""静""诚"，使传统的儒学道德修养的理论更加丰富。

除了一般道德修养的问题之外，义利关系这个自孟子以来长期争论的问题也受到王通的关注。在他看来，仁义道德是与功利私欲相对立的。在《中说》中，他从多方面、多角度探讨了仁义道德与功利私欲的关系，突出表现了他要存道义、去私利的主张，以及卫道精神。尽管魏晋以来，名教衰落，但王通对儒学及道德伦常的复兴颇有信心，打

义利关系 也称义利之辨。指道德行为与物质利益的关系。作为我国古代关于道德行为与物质利益的关系问题的争辨。义，指思想行为符合一定的道德标准；利，指利益、功利。

■ 隋代时期的服饰

算放弃世人的焦点，"取其所弃"。

王通针对魏晋以来士风的腐败和道德的沦丧，斥责和讥讽那些只知"聚财"，不知"聚德"的豪门贵族和"靡衣鲜食之士"。赞扬了那些"重道义，轻王侯"，能"恶衣薄食，多思寡欲"的君子。

虽然从王通讲学和著述的形式上看，是简单地恢复和振兴传统儒学，但这一恢复和振兴的对象并非汉魏儒学，而是孔孟等儒学始祖，要从传统儒家的经典中寻找出适合当时社会政治需求的，能与佛道思想影响相抗衡的内容。因此，王通的努力就是唐代儒学改革的滥觞，是宋代理学的先驱。

著名的启蒙读物《三字经》把王通列为诸子百家的五子之一："五子者，有荀扬，文中子，及老庄。"排序仅次于儒学大家荀子和扬雄，到了宋代，理学中道学学派的创始人之一程颐曾盛赞王通，并认为他超过荀子和扬雄。

阅读链接

我国成语博大精深，其中"白首北面"是关于尊师重道的最著名的成语之一。古代以南面为尊，北面为卑，学生要站在北面，向南面坐着的师长行礼，意为敬师之礼。"白首北面"除了尊师之外，也有活到老学到老的含义。

这个成语故事的出处就是《文中子·立命》："夫子十五为人师焉，陈留王孝逸先达之傲者也，然白首北面岂以年乎？"意思是：王通15岁开始从事教育，连陈留王孝逸这样有身份有地位的人都以他为师。做人要活到老学到老，师长和弟子只以学业为尊，不以年龄而论。

为君之道的文献——帝范

那是在唐代时，唐太宗李世民早年率部征战天下，为大唐统一立下汗马功劳，他登基后，开创了著名的"贞观之治"，对外开疆拓土，对内虚心纳谏，厉行俭约，轻徭薄赋，使百姓休养生息，各民族融洽相处，国泰民安。李世民一生文治武功，被当作后世明君的典范。

李世民的发妻长孙皇后有3个儿子，她去世后，李世民的嫡长子太子李承乾和嫡次子魏王李泰为争夺皇位继承权，发生了政变，李世民伤心之下，废黜了这两个儿子，立嫡三子晋王李治为太子。

李治性格柔善，唐太宗和

■ 唐太宗李世民画像

《十八学士图》

统御之道

政论专著与文化内涵

大臣们都对这个太子的能力很不放心。于是李世民在去世之前，根据自己的从政经验，亲自撰写了一本《帝范》，作为示范样本传给李治。

《帝范》共12篇，分为君体、建亲、求贤、审官、纳谏、去谗、诫盈、崇俭、赏罚、务农、阅武、崇文。

李世民在《帝范》中说，君王最重要的是气度，要有胸怀天下的志向，才能干出一番事业。而作为君主，更要有包容宇宙、吞吐万物的胸怀。要让群臣敬畏，靠的便是德行深厚，稳如山岳。如果轻薄无行，小肚鸡肠，大家自然不将你放在眼里。

一个人心中如果常有愤怒，便无法公正。心中有忧愁，心中有恐惧，都没有办法做到至公至正。只有完全摒弃个人的喜怒忧惧，以天下忧为己忧，以天下利为己利，才能如山岳般平静，如深渊般难测。

在李世民看来，一个国家管理者，重要的是为官择人，而非因人设官。能工巧匠使用木料是一种智慧，但凡直的木料，要用来做车辕，曲的木料还可以做车轮。总而言之，都可以做到物尽其用，毫不浪费。

聪明的君主选用人才便和木匠用料是一个道理，才智之士使用其谋略，愚笨之人则用其蛮勇，武勇之人发扬其威势，胆怯之人则任用其谨慎。在好木匠的眼中，没有哪件材料是废品；在贤君的心里，没有不可任用的人才，只有放错了地方的人才。

《帝范》还指出，治国大计，应该尽力消除浮糜奢华的不良风气，劝勉督促人们专心致志地从事耕种和纺织。只有铲除了由工商之业而产生的浮华恶习，才能使百姓重新回到重视农业的根本之路，社会风俗也才会重新变得淳朴起来。

如果人人都会怀有仁义之心，也就永远断绝了商贾小人贪财好利的后路。果真如此，也就抓住了务农的根本。用严威去抑制势利之人，用仁惠去抚爱忠直之士，这是制驭风俗、掌握天下的关键与核心。

身为人君，应视民如子，但统领之术仍不出恩威两种。既然百姓之中有行善的，也有作恶的，就应该以严威和仁惠分别对待。施仁惠可以使人们做善事，也可以使风俗变纯正，恩泽所及，人们就如同在严冬沐浴在春阳之中一样感到温暖。树立威严可以使坏人恐惧，也可以使普天之下的臣民变得像车辕之中的牛马一般驯服。坏人如常感脚踏刀刃头顶雷霆，就再也不敢为非作歹了！

因此，只有恩威互用，才能使百姓行有所依，做有所据。如两者使用不当，

鉴古论今
隋唐论政

商贾 古代称行走贩卖货物为商，住着出售货物为贾。二字连用，泛指做买卖的人。春秋时期商人的地位有所提高。汉、魏、晋以及南北朝时期，商贾们在恶劣的环境中艰难跋涉。唐宋商贾渐渐地活跃起来。明清以来，商贾势力获得了较大发展。

■ 繁华的唐代集市景象

则可能持政不公，规矩失度。恩威之术，一为刚，一为柔，也只有将两者兼顾起来，宽以济猛，猛以济宽，才会创造出政通人和的良好局面。君王的声望一旦树立，那么制定了刑法之后，人们就不敢去违犯了。天子要想使自己取信于民，还必须要做到令行禁止，言必信，行必果。

最后，李世民总结说："如果崇尚美德，并且广泛施德，则帝业安泰，自身也安全；如果肆意任情做错误的事情，那么帝业将倾塌，自身也容易丧命。国家基业往往都是成得慢败得快，帝位得之不易，不能不去珍惜！不能不慎重！"

《帝范》一书是李世民一生执政经验的高度浓缩。行文虽短，但文辞有力而优美，展现出一代英主对人生和世界的感悟，也是一个马上争天下、马下治天下的开国君主一生经验的总结。

文中充满哲理性的语言，或一语中的，或一语道破天机。不但有着高瞻远瞩的视野，也隐含着论理的深邃透彻。一些非凡的至理名言，自非常人可以谈说，只能出自像唐太宗这样的伟人之口。《帝范》的许多思想，有着非常重要的借鉴作用，经得起时间的考验。

阅读链接

李世民为李治留下的《帝范》，李治是否认真学习过，不得而知，但李世民身边的另一个帝王，却把李世民的执政精髓发扬光大。这个人就是李世民的才人、兼御书房侍女武则天。

李治去世后，武则天成为我国历史上唯一的女皇帝。武则天善于治国、重视延揽人才，首创科举考试的"殿试"制度，而且知人善任，重用贤臣。她主政期间，政策稳当、兵略妥善、文化复兴、百姓富裕，故有"贞观遗风"的美誉，亦为其孙唐玄宗的开元之治打下了长治久安的基础。

君臣论政——贞观政要

那是在唐太宗李世民时期，有个谏议大夫叫魏徵，敢于犯颜直谏，即使唐太宗在大怒之际，他也从不退让，唐太宗有时对他也会产生敬畏之心。

有一次，唐太宗想要去秦岭山中打猎取乐，行装都已准备停当，但却迟迟未能成行。后来，魏徵问及此事，唐太宗笑着答道："当初确有这个想法，但害怕你又要直言进谏，所以很快又打消了这个念头。"

还有一次，唐太宗得到一只雄健俊逸的鹞子，他让鹞子在自己的手臂上跳来跳去，赏玩得高兴时，但当他

魏徵塑像

■ 魏徵画像

长孙皇后 （601
年—636年），
唐太宗李世民的
皇后，史上著名
贤后之一。善于
借古喻今，匡正
李世民为政的失
误，并保护忠正
得力的大臣。谥
号文德皇后。13
岁时嫁给16岁的
李世民。先后为
李世民诞下三子
四女，幼子为唐
高宗李治。

看见魏徵远远地向他走来时，
唐太宗怕魏徵提意见，回避不
及，赶紧把鹞子藏到怀里。魏
征故意奏事很久，致使鹞子闷
死在怀中。

　　还有一次，魏徵在上朝的
时候，跟唐太宗争得面红耳
赤。唐太宗实在听不下去，想
要发作，又怕在大臣面前有损
自己善于接受意见的好名声，
只好勉强忍住。退朝以后，他
憋了一肚子气回到内宫，见了
长孙皇后，气冲冲地说："总
有一天，我要杀死这个乡巴佬！"

　　长孙皇后很少见丈夫发那么大的火，问他说：
"不知道陛下想杀哪一个？" 唐太宗说："还不是
那个魏徵！他总是当着大家的面侮辱我，叫我实在忍
受不了！"

　　长孙皇后听了，一声不吭，回到自己的内室，换
了一套朝见的礼服，向唐太宗下拜。唐太宗惊奇地问
道："你这是干什么？"

　　长孙皇后说："我听说英明的天子才有正直的大
臣，现在魏徵这样正直，正说明陛下的英明，我怎么
能不向陛下祝贺呢！" 这番话就像一盆凉水，把太
宗满腔怒火浇灭了。

　　643年，直言敢谏的魏徵病故了。唐太宗很难

过，他流着眼泪说："一个人用铜做镜子，可以照见衣帽是不是穿戴得端正；用历史做镜子，可以看到国家兴亡的原因；用人做镜子，可以发现自己做得对不对。魏徵一死，我就少了一面好镜子了。"

　　上面的这些故事，记录在唐代史学家吴兢所著的政论性史书《贞观政要》中。吴兢从武则天到唐玄宗期间，长期担任史官，著述丰富，编著有《乐府古体要解》《唐春秋》《唐书备阙记》《太宗勋史》《睿宗实录》《中宗实录》《贞观政要》《则天实录》《唐高宗实录》等，可惜只有《贞观政要》传于后世。

　　《贞观政要》写作于开元、天宝之际。当时的社会仍呈现着兴旺的景象，但社会危机已露端倪，对政治颇为敏感的吴兢已感受到衰颓的趋势。为了保证唐王朝的长治久安，他深感有必要总结唐太宗君臣相得、励精图治的成功经验，为当时的帝王树立起施政

天宝 （742年—756年），是唐玄宗李隆基继开元之后使用的年号。天宝三载正月改"年"为"载"。唐玄宗改开元为天宝的原因是认为一生中的大事都已经办完，想要开始享受成果；唐玄宗的同辈兄弟于开元年间去世两人，为了避晦气，改元天宝。

■ 唐太宗与长孙皇后塑像

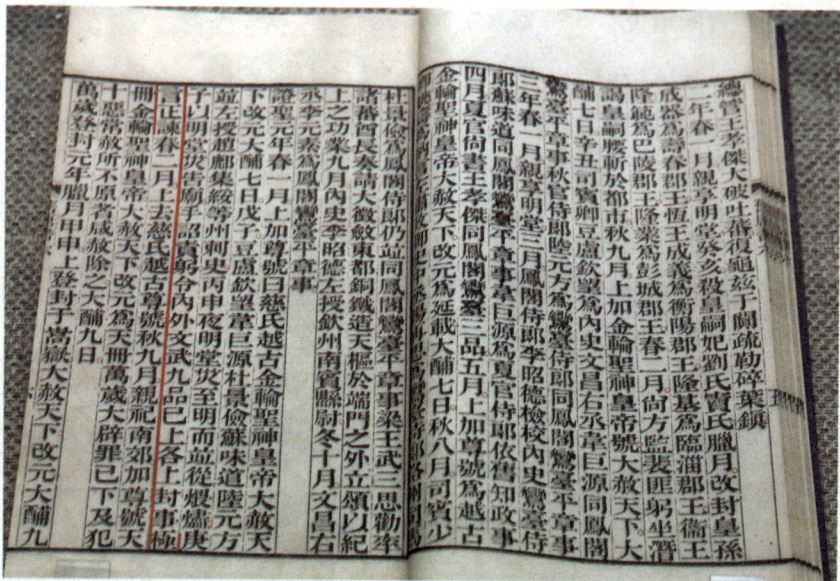

《贞观政要》图片（《唐书则天皇后纪》）

■ 《唐书则天皇后纪》

王珪（571年—639年），隋末唐初祁县人，即现在的眉县马家镇车圈村王家台，出身于世代官宦之家。唐初为太子舍人，是李建成的心腹。"玄武门之变"后，召拜谏议大夫，迁黄门侍郎、兼太子右庶子。与房玄龄、魏徵、杜如晦等齐名，人称"唐初四大名相"。卒赠吏部尚书。

的楷模。

　　《贞观政要》正是基于这样一个政治目的而写成的，所以它一直以其治国安民的重大参考价值，而得到历代的珍视。

　　《贞观政要》系"随事载录"而成，以君道、政体、任贤、纳谏、君臣鉴戒等为篇目，分别采录了唐朝贞观年间唐太宗及身边大臣如魏徵、王珪、房玄龄等45人的政论、奏疏以及重大施政措施等，主要内容包括治国方针、选贤任能、精简机构、申明法制、崇尚儒术、评论历史得失等方面，同时强调统治者的自身修养，如敬贤纳谏、谦逊谨慎、防止奢惰等。

　　书中内容广泛，涉及政治、经济、军事、文化、社会、思想、生活等方方面面，尤以讨论君臣关系、君民关系、求谏纳谏、任贤使能、恭俭节用、居安思危为其重点。书中总结唐太宗时代的政治得失，希望后来君主以为借鉴。由于叙事详实，文字明畅，论述的又是统御之道，因此晚唐以后受到历代治国者的重视。

《贞观政要》虽记载史实，但不按时间顺序组织全书，而是从总结唐太宗治国施政经验，告诫后世皇帝的意图出发，将君臣问答、奏疏、方略等材料，按照为君之道、任贤纳谏、君臣鉴戒、道德伦理、正身修德、崇尚儒术、固本宽刑、征伐安边、善始慎终等一系列专题内容归类排列，使这部著作既有史实，又有很强的政论色彩；既是唐太宗贞观之治的历史记录，又蕴含着丰富的治国安民的政治观点和成功的施政经验。

书中所记述的封建政治问题是全面而详备的。吴兢把君主作为封建政权的关键，他在开卷的第一篇《君道》中，首先探讨了为君之道。他列举唐太宗的言论说明：要想当好君主，必先安定百姓，要想安定天下，必须先正自身。

把安民与修养自身当作为君的两个要素，对于君主的个人修养，他以唐太宗为例，说明清心寡欲和虚心纳谏是相当重要的。做到这两点，是唐太宗成功的关键，从历代统治者的施政实践上看，这两点对于政权安危具有普遍意义。

在书中，吴兢还重点记述了人才使用问题。书中介绍了唐太宗知人善任、任人唯贤的事迹。唐太宗对用人

大唐谋士房玄龄画像

统御之道

政论专著与文化内涵

唐太宗与大臣

文景之治 是指我国西汉汉文帝、汉景帝统治时期。由于秦末农民战争和四年楚汉之争，社会动荡不安，经济遭到严重破坏，致使西汉初年，社会经济非常贫困。朝廷推崇黄老治术，采取"轻徭薄赋""与民休息"的政策。经过劳动人民几十年的辛勤劳动，到景帝末年和武帝初年时，社会和国家都已经比较富庶，文景时期政治清明、经济发展，人民生活安定，确实称得上是太平盛世。

有较深刻的认识，他一再强调"为政之要，唯在得人"。对于人才，他提出了必须具有高尚品德，能够克己恭俭，正直廉洁等要求。

为此，唐太宗不但采取了一系列选拔人才的措施，而且非常重视对官员的考核和赏罚。通过唐太宗的努力，一批人才集中于初唐政坛，这是问题的一个方面。另一方面，大批人才的出现，也在巩固政权、组织民众生产、安定民众生活方面发挥了重大作用。

正是君明臣贤，上下一心，才促成了"贞观之治"的出现。吴兢在此同意魏徵的观点："大厦云构，非一木之枝；帝王之功，非一士之略。"知贤用贤一直是古代政治家非常重视的问题，唐太宗君臣相得的实践，为此提供了一个成功的佐证。《贞观政要》对此的记述，则把这一问题的讨论引向了深入。

吴兢在书中还对唐太宗朝政的方针进行了归纳和概述，其中做得成功的有偃武修文、崇尚儒学、加强礼治、执法宽弛、休养生息、安定民众、采取怀柔政策、安抚边民等等。农业是安定民心、治理国家的根本，这是历代有识统治者的共识，但真正能抓住这一环节不放，取得实际效果的，却不多见。

唐太宗在兵戈扰攘之后，把自己的简静无为，推广为对天下民众实行轻徭薄赋、休养生息的政策，很快收到了良好的效果。贞观后期天下丰足，可以上比汉初的文景盛况。对此，历代统治者都心驰神往，可通过努力把它变为现实，却是相当大的难题，《贞观政要》对此的记述，很有理论指导意义。

《贞观政要》是一部独具特色、富有启发性的历史著作。既有史实，又有很强的政论色彩；既是唐太宗贞观之治的历史记录，又蕴含着丰富的治国安民的政治观点和成功的施政经验。《贞观政要》是现存记载太宗朝代历史较早的一部史书，在史料学方面具有重要价值。

阅读链接

《贞观政要》中记录了王珪与唐太宗的一段故事。唐太宗时，王珪与房玄龄、李靖、温彦博、戴胄、魏徵共同辅佐国政。唐太宗问王珪："你善于品鉴人物，为我评论一下你们的才能品质。"

王珪回答说："要论一心为国操劳，知无不为，我不如玄龄；才兼文武，出将入相，我不如李靖；敷奏详明，出纳公允，我不如彦博；治理烦琐紧要的政务，我不如戴胄；以谏诤为心，耻君不及尧、舜，我不如魏徵。至于洁浊扬清，疾恶好善，我比他们有一日之长。"唐太宗连连称善。房玄龄等人知道后，都深以为然。

王霸谋略奇书——长短经

盛唐时期，"诗仙"李白和他的老师赵蕤被称为蜀中的"二杰"。李白对赵蕤极为推崇，曾经跟随他学习帝王学和纵横术，时称"赵蕤术数，李白文章"。

■ 古人隐居图

赵蕤自幼好帝王之学，读百家书，博于韬略，长于经世，并且"任侠有气，善为纵横学"，闻名于当世。唐玄宗多次征召，他都辞而不就，过着隐居的生活。

赵蕤的代表作为《长短经》，又称《反经》，成书于716年，共9卷64篇，集儒家、道家、法家、兵家、杂家和阴阳家思想之大成，以谋略为经、历史为纬，记述国家兴亡，权变谋略、举荐贤能、人间善恶4个方面的内容，又以权谋政治和知人善任两个重点为核心。此书振聋发聩，警世惩恶，是难得的谋略全书。

赵蕤站在万物正反相生这一哲学高度，从反面考虑历史上的人和事，以精辟独到的立论，丰富深刻的历史事例，从容叙述。

《反经》的"反"是"正反"之"反"的意思。唐宋以来，有两本书历来作为历代统治者的必修书目，一本是从正面讲谋略的《资治通鉴》；另一本是从反面讲谋略的《反经》。

对于前一本书，治国者不但学习、运用，而且不断地宣传出版；对于后一本书，治国者往往只用不说，避而不谈。

因为《长短经》充满着奇谋妙计，与帝王将相的统治理念相违背。而从实际应用来说，《长短经》在某种意义上比《资治通鉴》更具指导与实用价值。人类增长智慧的途径之一就是"以史为鉴"。生存智慧是各类成功者必备的要素。历史上，无论是统治阶层、达官贵人，还是普通的平民百姓，他们的生存经验、生存智慧对后人都是可资镜鉴的财富。

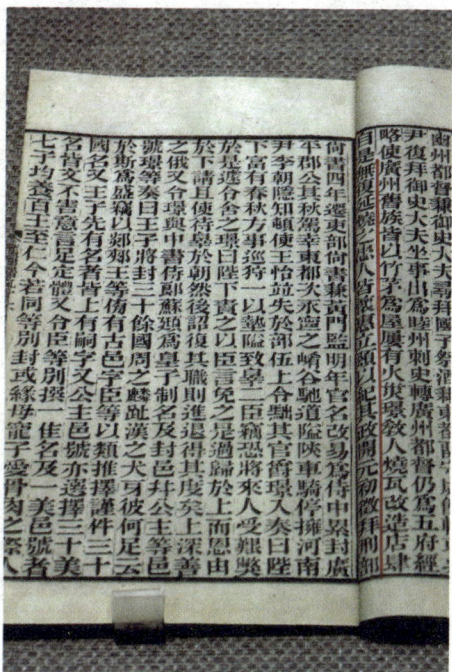
■《唐书》

李白（701年—762年），字太白，号青莲居士，唐代浪漫主义诗人，被后人誉为"诗仙"。和杜甫并称"李杜"。李白的诗歌总体风格清新俊逸，既反映了时代的繁荣景象，也揭露了当时的腐败，表现出蔑视权贵，反抗传统束缚，追求自由和理想的积极精神。世诗文千余篇，存有《李太白集》传世。

管仲画像

《长短经》是一部糅合儒、道、法、兵、杂、阴阳诸子思想，阐述王霸谋略、长短之术的历史哲学著作。《长短经》的整体结构框架以历史为经，谋略为纬，交错纵横、蔚然成章。

《长短经》全书囊括上至尧舜、下至隋唐的历史风貌，围绕国家兴亡、权变谋略、举贤用人和人间善恶四个重点，时而赞扬王道，赞美尧舜；时而斥责历代末世，君德败坏，家破国亡，罪有应得。时而妙论察相，相人外表，笑谈贵贱；时而告诫统治者，务必重视人才，得人则兴，失士则崩；时而历数各代帝王，纵论滔滔，话其短长；时而攻击光天化日下的虚伪"窃钩者诛，窃国者为诸侯"。

《长短经》既是对唐以前历史的多角度、全方位的审视，也是精准的历史经验教训总结；既是一部高深奥妙、天人合一的历史哲学名著，也是治国、齐家、修身的历代谋略之集成。

全书分为大体、任长、品目、量才等多方面内容，对治国之术、任人之术、用兵韬略、权变之谋等进行了具体的阐释。

经过分析，赵蕤认为古人治国主要有3种方式：王道的统治采用教育的方法；霸道的管理采用威慑的手段；强国的管理采取强迫的办法。之所以要这样，各有各的原因，不能随便更换。

春秋时齐国的名相管仲说：圣人只能顺应时势而不能违背时势。聪明的人虽然善于谋划，但总不如顺应时代高明。战国时的邹忌说：一切政治文化都是用来匡正时弊、补救失误的。如果适合于当时当地的实际情况就运用它，一旦过时了就舍弃它。

据此来看，在应当实行霸道的管理时，却推行王道的教化，就会适得其反；应当实行强国的统治时，却施行霸道的威慑手段，则将谬误百出。如果时逢天下大乱，人心诡诈，传统的道德观念受到破坏，而要遵从先王的传统，广泛推行伦理道德教育，这就好像是等待远处识水性的人来救落水的人，请求那些尊贵的人来救火一样。好是好，可难道这符合我们所说的"通于时变"吗？

书中还指出，知人，是君道；知事，是臣道。无形的东西，才是有形之万物的主宰；看不见源头的东西，才是世事人情的根本。鼓不干预五音，却能做五音的统帅。掌握了君道真谛的人，不去做文武百官各自负责的具体事情，才可以成为国家的最高统治者。做帝王的严守他的这一准则，官员知道他们自己应当做的事情，这才是历史和社会的分工。

《长短经》既是对唐以前历史的多角度、全方位的审视，也是历代政治创意与谋略之集，后世帝王非常重视。清代《长短经》付印后，乾隆皇帝亲自加注，还亲自为书题诗，可见其重视程度。

阅读链接

李白之名因诗文而流传千古，但实际上，他自己把诗文置于次要位置，他一生的抱负还在于政治，他真正的理想是成为一个大济苍生的英雄。

李白少年时代的学习内容很广泛，除儒家经典、古代文史名著外，还浏览"诸子百家"之书，还"好剑术"，有建功业的政治抱负。他少年时期在四川跟随《长短经》的作者赵蕤学习纵横术，希望自己有朝一日成为帝王的辅弼大臣。后来，他虽然结交了不少权贵，也得到了唐玄宗的重视，但最终发现自己不过是上流社会的写诗娱乐工具，于是他还是离开了长安。

臣僚借鉴之书——臣轨

那是在武则天执政时期，政通人和，社会安定，兵略妥善，四境太平，经济发展，文化复兴，百姓富裕，有"贞观遗风"的美誉。

由于武则天信佛，佛教十分兴盛，据传武则天一度曾下令不准杀生。文武百官们宴客，往往都是素席，从无荤腥。

武则天画像

有一个大臣过寿，亲友、同僚纷纷前来祝贺。酒席上只有素菜，这大臣觉得过意不去，就偷偷宰了一头猪，做了一些荤菜，还做了一些肉包子。酒席间热热闹闹，宾主尽欢。

谁知第二天早朝完毕，这位大臣被武则天问道：

"你昨天杀猪了吧？"大臣一听，吓得魂飞魄散。武则天把告密的大臣喊出来，并拿出两个肉包子为证。请客的大臣跪在地上浑身发抖，说不出话来。告密的大臣则在一旁奸笑。

武则天说："因你是忠臣，又是初犯，朕不予追究，恕你无罪。"她又指着告密的奸臣说："不过你要注意，下次请客，像他这样的人不要请！"

请客的大臣感激涕零，认为武则天忠奸分明，不信谗言又有识人之明。告密的奸臣自讨无趣，灰溜溜地走开了。

■ 武则天皇帝像

武则天是我国历史上唯一一个女皇帝，也是我国历史上一位出类拔萃的帝王。在称帝前，她为了夺取政权，曾经任用酷吏打击反对派，称帝第二年，她便用两大酷吏之一的来俊臣杀了另一个酷吏周兴。

任用酷吏让武则天背上了骂名，但作为一个政治家，她以知人善任在历史上著称。武则天一朝号称"君子满朝"，著名贤臣娄师德、狄仁杰等均在其列，后来的"开元贤相"姚崇和宋璟也是武则天时期提拔起来的。

武则天善于用人，体现在她在用人制度上的改革和创新上。她改革科举，提高进士科的地位；举行殿试；开创武举、自举、试官等多种制度，让大批出身

朕 在先秦时期，"朕"是第一人称代词。意为我。不分尊卑贵贱，人人都可以自称"朕"。我国秦始皇时起专用作皇帝自称："朕为始皇帝"。此外，东亚汉字文化圈中日本及朝鲜半岛以及东南亚的越南的古代君主也自称朕。

狄仁杰（630年—700年），唐武周时期杰出的政治家。曾掌管刑法的大理丞，判决了大量的积压案件，以不畏权贵著称。在他身居宰相之位后，辅国安邦，可谓推动唐朝走向繁荣的重要功臣之一。以民为忧，后人称之为"唐室砥柱"，是我国历史上以廉洁勤政著称的清官。

寒门的子弟有了一展才华的机会。宋代编年史《资治通鉴》评价武则天：

政由己出，明察善断，故当时英贤亦竞为之用。

武则天虽然是女皇帝，但她称帝之后，为了政权稳定，大臣基本全部被她掌控。她还专门编撰了一部《臣轨》，用来作为臣子的规矩和标准。

《臣轨》共2卷10篇，分国体、至忠、守道、公正、匡谏、诚信、慎密、廉洁、良将、利人10章。该书以儒家传统道德观念为基础，论述为臣者正心、诚意、爱国、忠君之道，作为臣僚的座右铭与士人贡举习业的读本，维持帝王的统治地位。

在《臣轨》中，武则天提出，臣子应"外扬君之善，内匡君之恶"，她把"大公无私"作为当官的基本准则并强调：

■ 武则天故事绘画

人臣之公者，理官事则不营私家，在公门则不言货利，
当公法则不阿亲戚，奉公举贤，则不避仇人。

在武则天看来，惠民是第一位，在惠民与忠君的取舍上，她更倾
向于惠民。因为民心向背决定国家的兴废，惠民者才能获得民心与民
众的倾心支持，才能最终维护君王为代表的国家统治。可见，忠于国
家和民族以及广大民众是绝对的，而忠于帝王、君主是相对的。这是
为政者必须要遵循与把握的。

在《臣轨》中，武则天全面阐释了清廉之德于国于吏的重要意
义，这不仅是她对以往官德建设的高度概括与总结，也是对贞观之治
经验的升华。

武则天认为，身为臣子，修身养性，端正品行，不能不慎重；谋
划思考机密大事，不能不周密。忧患常源于轻视小事，灾祸常因为忽
略细节。一个人行事不慎重周密，大多会后悔终生。

因此，说话容易泄漏机密，是灾祸的媒介；做事不慎重，是失败的缘由。眼睛明亮的人能看到无形的事物；耳朵聪敏的人能听到弦外之音；善于谋划的人对策出现在预兆之前；做事缜密的人在事情没发生之前就十分慎重。远离困窘就必须及早谋划，不想贫穷就必须趁早预计。

最后，武则天设身处地地告诉大臣：

非所言勿言，以避其患；非所为勿为，以避其危。

意思是，不该说的话不要说，这样可以避免其中的灾祸；不该做的事不要做，这样才可以避免其中的危险。

武则天的《臣轨》与唐太宗的《帝范》一直并行。虽然二者同样出自唐代两位皇帝笔下，但一个是约束臣子，一个是规范皇帝，立意和出发点有所不同。由于武则天在历史上长期存在着争议，所以历史上对《臣轨》的评价一直低于《帝范》，但《臣轨》本身的价值和作用并未因此受到影响，值得人们长期研究和借鉴。

阅读链接

历史上对武则天多男宠的事情颇多非议，但实际上武则天虽然信任男宠，却不让他们掌握朝廷大权，更不许他们逾矩。

有一天，宰相苏良嗣在朝廷上遇到武则天的男宠薛怀义，薛怀义仗着皇帝的宠爱，表现得傲慢无礼，苏良嗣大怒，令左右随从拽住薛怀义，还掌掴了他几十下。薛怀义哪里受得了这样的侮辱，向武则天告状。武则天不但没有处罚苏良嗣，还责备薛怀义说："你应当从北门出入，南门是宰相往来之地，不要去触犯。"后来，薛怀义并没有接受这次被掴的教训，仍旧骄横跋扈，武则天下令，让太平公主设计将其杀死。

宋明政见

在宋代，封建地主阶级中一些思想家，如苏洵、范祖禹和真德秀等，将传统的儒学与当时流行的佛、道结合起来，形成了更富有理性思辨色彩的政治哲学，即宋代理学。宋代思想家大多谈理说性，其主要范畴有理、气、义、利、心、情、阴阳、太极等。

宋代理学对后世产生了深远影响，尤其是在明代，以程朱理学为主要内容思想，皇帝的集权措施也大大加强。明代张居正、李贽、焦竑等人，以自己的理论著述，从各自不同的角度阐释了帝王统御之道。

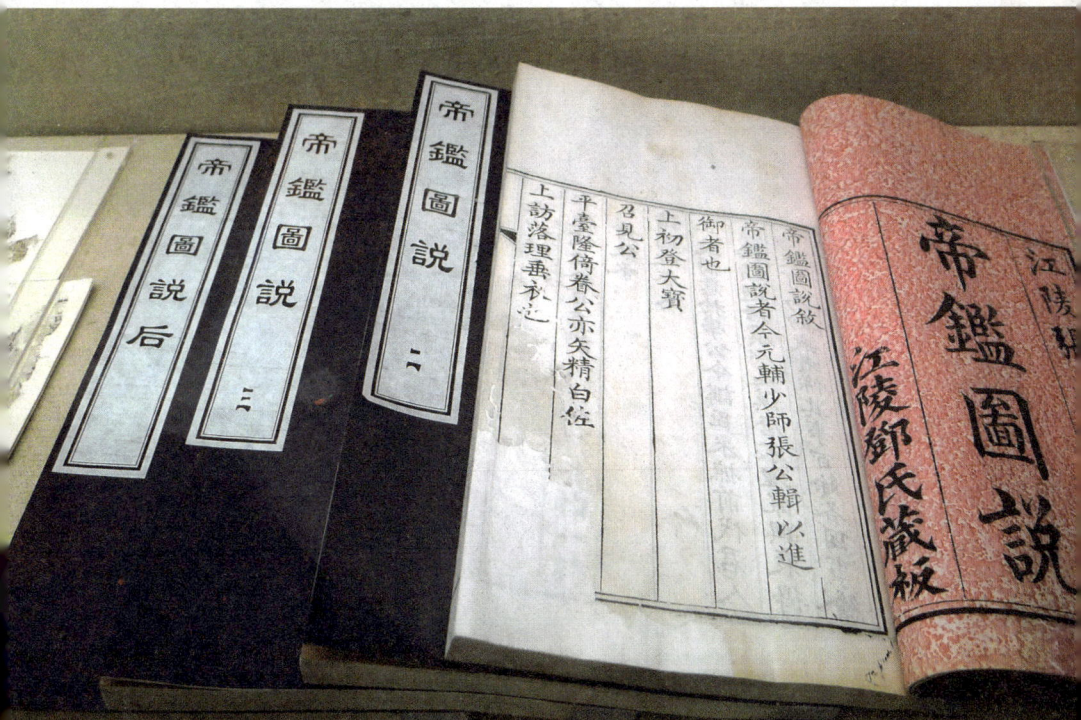

帝鑑圖說后 三

帝鑑圖說 三

帝鑑圖說 二

帝鑑圖說敘

帝鑑圖說者今元輔少師張公輯以進

御者也

上初登大寶

召見公

平臺隆偶眷公亦矢精白位

上訪落理垂敕起

江陵相

帝鑑圖說

江陵鄧氏藏板

兵法权谋论著——权书

那是在北宋年间，"唐宋八大家"中的苏轼、苏辙和苏洵被称为"三苏"，苏洵是苏轼和苏辙父亲。著名文学家苏轼和弟弟苏辙20岁左右同科中举，而他们的父亲苏洵却游荡到27岁才开始发愤读书。但在这以后的十多年间，苏洵写了《几策》《权书》《衡论》《六经论》《洪范论》《史论》等一系列重要著作，成为蜀中名闻遐迩的学者和散文家。

苏轼兄弟中举那年，苏洵跟着儿子一道来到汴京，就是后来的开封，拜见了当时的文坛领袖欧阳修。

苏洵彩像

欧阳修对苏洵的文章大加激赏，并将其《几策》
2篇、《权书》10篇、《衡论》10篇献于朝廷。消息
传出，士人争相传诵，模仿其文，一时名动京师，使
当时文风为之一变。

■ 苏洵发愤读书图

苏洵在京城时，当朝的宰相韩琦曾和他一起谈论
天下大事，韩琦认为即使汉代的贾谊也无法超过苏
洵。苏洵曾给韩琦提了很多重要建议，韩琦没有采
纳，后来懊悔不已。

苏洵屡试不第，除晚年做过短期小官之外，平生
未曾深涉仕途。但他是一位极其关心国家命运、留意
政治的人，他一生著述以策论、史论、兵法为主题，
以切合实用为目标，字里行间都寄托着他的人生追
求，希望当政者能有所革新，使国家走向富强，从而
实现他的抱负和理想。

唐宋八大家 是
唐宋时期八大散
文作家的合称。
即唐代的韩愈、
柳宗元和宋代的
苏洵、苏轼、苏
辙、欧阳修、王
安石、曾巩。唐
宋八大家乃主持
唐宋古文运动的
中心人物，他们
提倡散文，反对
骈文，给予当时
和后世的文坛以
深远的影响。

统御之道

政论专著与文化内涵

古代士子科举图

黄帝 （前2717年—前2599年），华夏上古传说时代一位著名的部落联盟首领，是我国远古时代华夏民族的共主，"五帝"之首。黄帝在位期间，播百谷草木，大力发展生产，始制衣冠、建舟车、制音律、创医学等。被尊为中华"人文初祖"。

在苏洵轰动京城的作品中，《权书》不仅在苏洵的全部著作中占有重要地位，而且也是我国古代论述兵法和权谋的一部重要著作。它集治道、兵法、史论为一体，具有广泛而深厚的思想内容。

在《权书》10篇之中，有不少迥异于古人、超绝于时俗的崭新的见解，比如在书前序言中，一开头的言词就表现出苏洵与普通知识分子的不同。他驳斥信奉儒家学说的人不谈论兵法，迷信仁爱正义的军队，不必讲究战略战术就自然会取得胜利。

苏洵认为，假如仁爱正义的军队果真不讲究战略战术就自然会取得胜利的话，那么周武王为什么还要用姜太公的计谋策略呢？而且在牧野之战中，周武王率仁义之师还要经多次战斗，最后才能获胜而停止战争，这里如果用的不是正确的战略战术，又是什么呢？这在当时是惊世骇俗的言论，为学子所不敢言。

在《权书》的《心术篇》中，苏洵提出，只有正义才可以激发士兵，士兵出于正义而发怒，就可以百战不殆。因而要想让士兵保持不懈的斗志，就应当使他们在胸中经常聚积着对敌人的愤怒，这就是黄帝打了七十仗，而士兵仍不厌倦的原因。

在《孙武篇》中，苏洵从理论与实践相统一的观点出发，将孙武与吴起做了比较，指出孙武的书语言精练而意思详尽，天下所有的兵法理论都可在其中找到本源，但他带兵打仗却不能每战必胜，甚至最后遭到了失败的结局。

而吴起的书虽然还不及孙武，但他是一位常胜将军，所到之处都能取得成功。所以说书上的理论是不能完全相信的，更何况那些只会背诵《孙子兵法》教条的人，怎么可以让他们来带兵打仗呢？

又如，苏洵在《六国篇》中说，六国的灭亡。不是因为军队不强、作战失利，弊病在于拿土地贿赂秦国。贿赂秦国，自己的力量就会削弱，这是一条亡国的道路。奉送给秦国的土地越多，受到的侵略就越厉害。在这里，苏洵深刻指出：假使像我们这样的大国，却重蹈六国灭亡的覆辙，情况比当年六国会差得更远。

苏洵的书法作品

在《项籍篇》中，苏洵认为项羽有夺取天下的才能，而没有夺取天下的谋略；曹操有夺取天下的谋略，而没有夺取天下的度量；刘备有夺取天下的度量，而没有夺取天下的才能。从巨鹿之战中就看出项羽的谋略缺乏远见，度量不够宽大，因此不必对他很晚才死在垓下感到奇怪。诸葛亮放弃荆州到西蜀去，从这个行动看，可以看出他不可能统一天下。

苏洵的这类观点，放在那时的社会条件下来看，确实是标新立异的思想。如果当政者能够认真对待，就会有振聋发聩之效。但那时的现实却是理学方兴，政治保守，对敌妥协，但求苟安。在这样的环境中，苏洵的这种带有离经叛道色彩的思想，是不可能得到当政者青睐的，何况他有些文章确有借题发挥，以古喻今，指桑骂槐的嫌疑。

《权书》中很多名篇，例如《六国》等，议论纵横，气势磅礴，堪称千古文章之楷模，为历代文人学士所传诵，具有很高的文学价值。此外，像《法制》《强弱》《攻守》等篇对具体战略战术的论述，其中有许多即使在后来看来，仍然是很有价值的见解，应为学习、研究兵法和谋略的人所重视。

阅读链接

苏洵在汴京时，当时的宰相韩琦曾和他一起谈论天下大事，韩琦认为即使汉的贾谊也无法超过他。宋仁宗驾崩后，当初皇陵建得比较简陋。韩琦后来任大礼使，要厚葬宋仁宗，于是紧急调拨大批人力物力建陵寝，弄得州县骚动不安。苏洵多次给韩琦写信，加以劝谏，并用这个典故责备韩琦。韩琦看后，对自己做得过分的地方做了改正和调整。

后来苏洵去世时，韩琦感到十分地内疚和悔恨，除了写诗哭悼苏洵，并说："我对您的理解太晚了，没有人比我更感到惭愧！"

经世致用——容斋随笔

在南宋时期，有个士大夫家庭，家里有兄弟三人，排行最小的洪迈自小就十分喜爱读书，而且过目不忘。他从小博览群书，即使是杂记小说、佛道传说等书，他也无不涉猎，非常聪明好学。

在洪迈7岁时，他的父亲洪皓出使金国议和时，遭到金人扣留。后来洪迈便一直跟随两位哥哥洪适、洪遵一同生活。

洪迈在少年时就跟随两位兄长一同参加博学宏词科考试，只有洪迈没有考取名次。在洪迈22岁时，他才中第，被授予两浙转运司干办

洪迈塑像

宋代秦桧铁跪像

统御之道

政论专著与文化内涵

洪皓（1088年—1155年），字光弼，宋代词人。1115年中进士，历任台州宁海主簿、秀州录事参军等。著作有文集五十卷等，主要有《帝王勇要》《姓氏指南》《松漠纪闻》《金国文具录》等书。他的儿子洪适、洪遵、洪迈等，均造诣很深，在宋代很有名望。

公事的官职，入朝任敕令所删定官。

洪迈的父亲洪皓曾经上奏抨击过南宋的奸臣宰相秦桧，使秦桧被撤了职，安置在了闲散的职位上，所以，秦桧对洪迈父亲记恨不已，并迁怒于洪迈，就串通御史汪勃，判定洪迈知道他父亲有不安分的阴谋。于是，洪迈被贬，出任福州教授。

这时，洪皓正好从金国返回，于是洪迈没有去福州任职，而是回家侍奉父母，直到1149年时才去赴任。一直到1166年，洪迈才被授予赣州知州的官职。他在任职期间，一心为百姓着想，兴建学宫，建造浮桥，使得人民安居乐业。

在当时，驻守官兵向来骄横，稍不如意就蛮横强暴。这里每年要强征上千民夫去戍守挖修九江，许多人都害怕去了受官兵虐待，于是就有人组织起来进行暴力抗拒。

一时间谣言四起，说有人要造反，要与朝廷对着干，又说朝廷要派兵镇压等。于是人们群情激愤，矛盾越来越激化，眼看就要闹出大事来。

洪迈却没有被谣言所蒙蔽，他只派遣了一名校官去好言劝说那些暴力抗拒的人，这些人听从了劝说，停止了暴力抗拒。洪迈便挂着空箭袋到人们中间，慢慢审问出了造谣的两个人，并把造谣的人带上刑具进行示众，于是谣言就慢慢平息了。

1171年时闹饥荒，赣州正值中熟，洪迈决定拿出粮食去帮助邻郡。有个僚属进谏阻止，洪迈却笑着说："秦地和越地的贫富不一样，是我们做臣子的应该不管的吗？"

1181年，58岁的洪迈，出任婺州知州。婺州的军队一向不讲军纪，春天在发放军服时，却有下级官兵想要用军服换成丝帛，上级将官不允许，于是，下级官兵就聚集起来进行示威，双方疆持不下，大家都惶恐不安，也造成一时间谣言四起，很容易弄出流血事件来。

洪迈知道后，也是派人与上下级官兵进行对话，

知州 古代官职名。宋太祖为了削弱节度使权力，防止武人割据局面，规定诸州刺史要直接向朝廷奏报和接受诏令，节度使不得干预所驻州之外的政务。后来，逐步派遣文臣接替刺史管理州务，称"权知某军州事"，简称知州。"权"表示不是正式职务，只是代理；"知"就是管理的意思。

天鉴风云

宋明政见

■ 闹饥荒时洪迈出粮救灾民

使得双方矛盾有了一定缓和。洪迈还进行了明察暗访，他把恶意造谣和诽谤的人，还有带头起哄闹事的人，都抓了起来绳之以法。

洪迈又把婺州军队进行了整顿，从此婺州官兵再没有人敢无理取闹了。这件事情被皇帝听说后，皇上对大臣们说："没想到书生处理事情却能随机应变。"特升任他为敷文阁待制。

洪迈初入史馆，参加修撰《四朝帝纪》，并晋升为敷文阁直学士和直学士。后来他还升任为讲读官宿直，皇上不时召他，往往与他谈论到深夜。

1186年，洪迈任翰林学士，他呈献上《四朝史》，将宋太祖和宋太宗以下8位皇帝共178年史事编成了一书，很得皇帝赏识。

明殿学士 古代官名。后唐天成元年开始设置，以翰林学士担任，掌进读书奏。宋代沿袭设置，由久任学士大臣担任，元丰改制后，并以执政官担任，无实权，仅出入侍从备顾问等。

■ 宋朝官兵

1190年，洪迈晋升为焕章阁学士和知绍兴府。他到朝廷奏事，给皇帝说起新政，他提出了十条新政供皇帝借鉴。皇上说："浙东商户被非法经营者所困扰，你去为我纠正它。"

洪迈一再跪拜说："发誓尽力。"

洪迈到了绍兴，仔细经过查证，查出假冒商户48300多家，他进行了正确纠正，极大促进了当地的商业繁荣，人们都非常感谢洪迈，纷纷称颂他的功劳。

南宋时期官员画像

第二年，洪迈再三上奏请求告老返乡，但皇帝晋升他为龙图阁学士。不久，洪迈以端明殿学士身份辞官回乡，他也就在这年去世了，终年80岁。他被皇帝追赠光禄大夫，谥号"文敏"。

洪迈作为一个勤奋博学的士大夫，他一生涉猎了大量的书籍，并养成了作笔记的习惯。他在读书之际，每有心得，便随手记下来，集中40多年的成果。后来，他把自己的读书笔记进行了整理，并取名叫《容斋随笔》。

《容斋随笔》是洪迈全部读书笔记的总名，分为《随笔》《续笔》《三笔》《四笔》《五笔》一共5集，共74卷，有1220则。

《随笔》卷一至卷十六，每卷自15则至29则，共有329则，先后用了18年完成；《续笔》卷一至卷十六，每卷自12则至18则，共有249

南宋时期的《纪事》古籍

则，用时13年完成；《三笔》卷一至卷十六，每卷自5则至20则，共有248则，用时5年完成；《四笔》卷一至卷十六，每卷自12则至24则，共有259则，用时不到一年完成；《五笔》卷一至卷十，每卷自9则至19则，共有135则。

洪迈没有说《五笔》写了多少年，因为还没有按原计划写完16卷，只写到十卷他便去世了。他在为《五笔》写序时，是1197年9月，那么，自此以后至1202年他去世的五年左右时间，应当就是他写作《五笔》的时间。

累积40多年时间写出一部巨著，是其多年博览群书、经世致用的智慧和汗水的结晶，应该说是不多见的。之所以历时如此之长，主要是笔记体这一性质所决定的。显然，洪迈必须费时读千百部书，才能集腋成裘。洪迈在《容斋随笔》卷首说：

> 余老去习懒，读书不多，意之所之，随即记录，因其先后，无复全次，故目之曰随笔。

《容斋随笔》内容博大精深，包罗万象，大致包括历史事件评论、历史人物评论，史料、典章、物产考察、宋代专著评介、天文、历算、星相等。

明代河南巡按、监察御史李翰曾经这样评论此书：

> 洪迈聚天下之书而遍阅之，搜悉异闻，考核经史，掇拾典故，值言之最者必札之，遇事之奇者必摘之，虽诗词、文翰、历谶、卜医，钩纂不遗，从而评之。

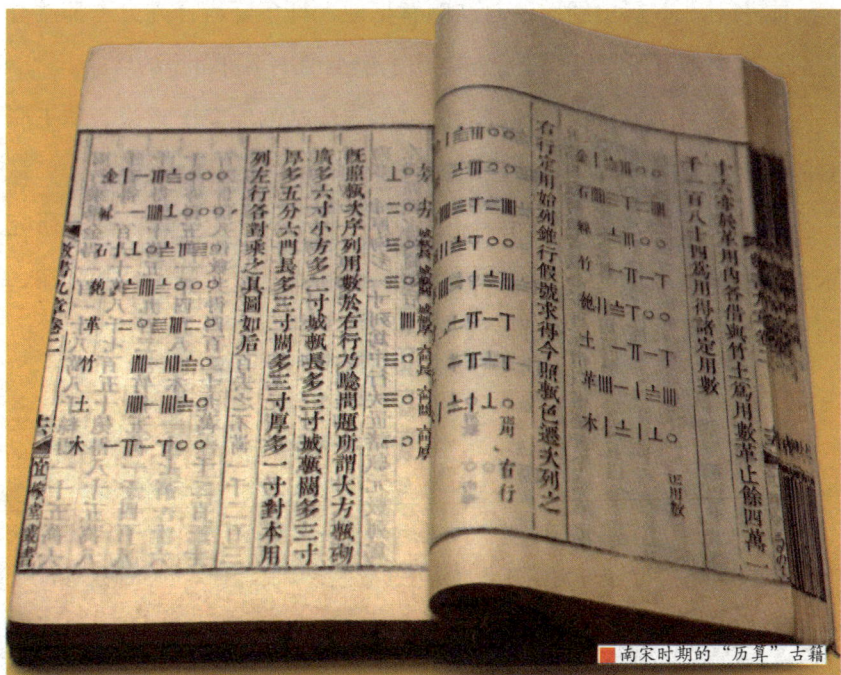
南宋时期的"历算"古籍

此书可以劝人为善，可以戒人为恶；可使人欣喜，可使人惊愕；可以增广见闻，可以澄清谬误；可以消除怀疑，明确事理；对于世俗教化颇有裨益。

我国古代最大官修图书《四库全书》评价《容斋随笔》说："南宋说部当以此为首。"其中有关诗歌部分，后人曾辑为《容斋诗话》。

《容斋随笔》内容繁富，议论精当。其中有对宋代典章制度、官场见闻、社会风尚的记述，也有对宋以前王朝废兴、人物逸事、制度沿革的记述。

本书最重要价值和贡献是考证了前朝的一些史实，如政治制度、事件、年代、人物等，对历代经史典籍进行了重评、辨伪与订误，提出了许多颇有见地的观点，更正了许多流传已久的谬误。

本书对一些历史经验的总结颇有见地，许多资料官方史志都没有记载，本书却有所收集，是我国古代笔记小说中不可多得的珍品。

历史学家一致认为，《容斋随笔》与沈括的《梦溪笔谈》和王应麟的《困学纪闻》，是宋代三大最有学术价值的笔记。

该书问世后，在当时朝野引起强烈反响。被历史学家公认为研究宋代历史必读之书。不仅在我国历史文献中具有重要的地位和影响，而且对于我国文化的发展亦意义重大。

阅读链接

洪迈考究典故，涉猎经史，极尽鬼神事物之变化，特别是他手写《资治通鉴》共三遍。他除了著有《容斋随笔》《夷坚志》流传于世外，其他著述更多。洪迈所著文集《野处类稿》，编纂的《万首唐人绝句》等，都是流传的名作。洪迈在《宋史》卷三七三有传。

第一治国大典——帝学

那是北宋年间，在一户姓范的人家里，一位临产的妇人迷迷糊梦见一名身体魁伟的金甲大汉走进卧室，说："我是汉朝的大将邓禹。"产妇惊醒过来，恰好生下了个男婴，这个男婴因此被命名为范祖禹。

可惜的是，范祖禹很小的时候便父母双亡，他的叔祖父是北宋名臣范镇，他把范祖禹当作亲生儿子养大。但范祖禹仍因为自己是孤儿而伤心不已，每当别人参加喜庆的宴会时，他都面容凄惨，心情抑郁。整日里闭门读书，从不干预人事。范镇对范祖禹十分器重，说："这孩子将来一定是个人才。"

范祖禹在宋仁宗嘉祐年间中

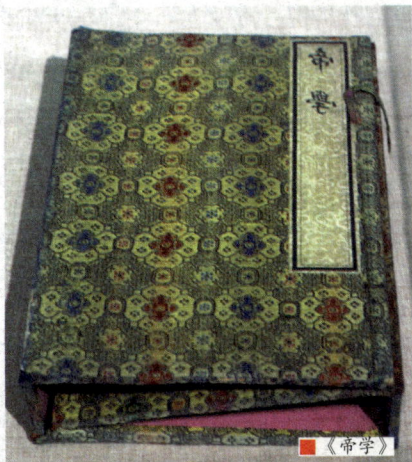

《帝学》

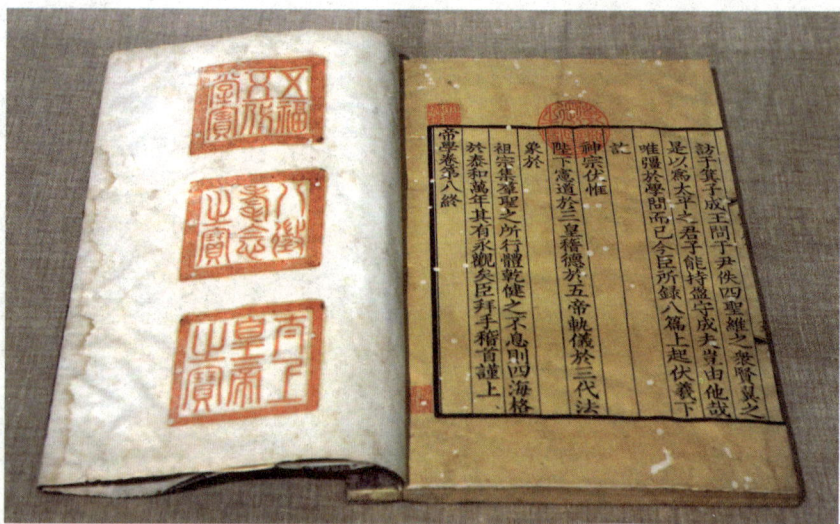

统御之道

政论专著与文化内涵

■《帝学》

了进士。司马光修撰《资治通鉴》，范祖禹负责唐代部分的撰写工作。在洛阳15年，埋头撰写《资治通鉴》，成为编撰人员中的主力，赢得司马光的称赞。

《资治通鉴》修成后，司马光推荐范祖禹担任比较重要的职位。当时是变法派的王安石执掌朝政，他十分看重范祖禹，但范祖禹不为名利所动，没去拜谒王安石。

宋神宗去世后，宋哲宗继位，范祖禹的岳父吕公著执掌朝政，范祖禹为了避嫌辞去要职，把主要精力放在了修《神宗实录》方面。

从王安石变法到元祐更化，皇帝、太后对大政方针几次反复，让臣民们在政治旋涡中不知所措，"熙丰小人"和"元祐奸党"互相指责，虽然范祖禹"口不言人过"，但遇到大是大非问题，往往坚持原则，据理力争，从不模棱两可，其风范深受君臣好评。

经筵是汉唐以来帝王为讲论经史而特设的御前讲

宋仁宗（1010年—1063年），名赵祯，北宋第四位皇帝，宋真宗的第六子，1022年即帝位，时年13岁。在位41年。在位时期宋朝进入鼎盛，但也是衰落的起点。在位后期，官僚膨胀，对外战争屡战屡败，虽然西夏已向宋称臣，但已经出现经济危机。而且还有南蛮叛乱、交趾之乱。后来虽有"庆历新政"，但尚未成功。

席。范祖禹擅长劝讲，所讲义理明白，比喻贴切，苏轼称他为"讲官第一"。范祖禹为宋哲宗做经筵讲习近10年，他的重要著作，无不与皇帝的为学之道、为政之要息息相关。

范祖禹专门为宋哲宗写了一部帝王教育著作《帝学》，书中收录的全是范祖禹认为值得宋哲宗学习、效仿的前代君主，从伏羲、神农到尧、舜，再到汉唐，最后是本朝的各代君主。

《帝学》共8卷，记载帝王32位，其中宋代6位皇帝，占了6卷的分量，其余汉唐的帝王只用了两卷，从书中收录的内容看，基本都是教君主如何好学，或者如何向古代圣王学习，尤其是讲到宋仁宗皇帝时，范祖禹告诉哲宗，想要学习尧舜，只需要效仿、学习宋仁宗，"则可以至天德也"。

从《帝学》各项内容，可以清楚地看出儒家学说及其价值观对宋朝帝王思想的巨大影响，也可以窥见"崇文抑武"在天子观念中延续、发展的基础。

《帝学》在宋朝便作为皇帝的教育专著而备受瞩目，明代开国皇帝朱元璋将这部著作当作治国大典而纳为皇室重点藏书。

阅读链接

范祖禹刚直不阿，不畏权势，经常犯颜直谏，因而冒犯了皇帝和权臣，连遭贬谪。北宋大奸臣蔡京在蜀地做官，祖禹说他"非端良之士"，因而遭到蔡京排斥。宋哲宗好色，爱逃学，范祖禹便上书给太后，指责皇帝沉迷女色，忽视学业，宋哲宗因此很是不满。

1093年，太后去世，宋哲宗亲政，章惇、蔡卞等指使人从《神宗实录》中摘引了1000多条材料，罗织成"诋毁先帝神宗"等罪名，把范祖禹连贬数次，流放地越来越偏远。不久，范祖禹病故在广东的流放地，终年58岁。直到南宋，他才被平反昭雪，追复为龙图阁学士。

力明正学——大学衍义

那是在南宋时期，福建一个贫寒家庭降生了一名男童，起名叫真德秀。真德秀早年丧父，靠着母亲的操劳，还有相对稳定的社会环境，才获得了专心学习的机会。

真德秀像

真德秀聪颖好学，4岁开始读书，过目不忘，深夜还在蚊帐中看书，以至蚊帐被蜡烛薰成黑色。当其他儿童玩游戏时，他就把这些小伙伴的书取来阅读。由于勤奋上进，真德秀18岁时便考上了举人，后来做了太学正和博士官。

真德秀胸怀忧国忧民之志，尽忠职守，希望能让偏安江南的宋王朝振作起来，以摆脱危机。

真德秀的治国方案主要是用理学

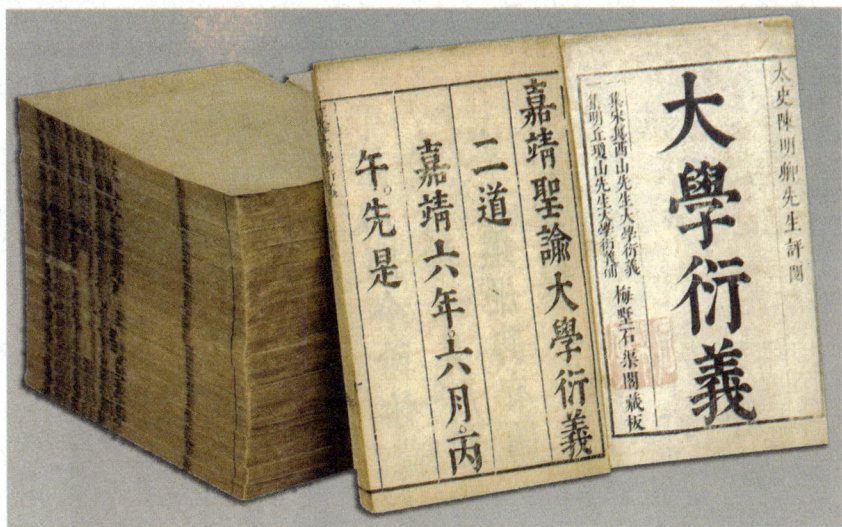

■《大学衍义》书影

思想来指导国家和臣民。在当时的形势下，南宋小朝
廷根本谈不上恢复故疆。他鉴于太师韩胄贸然出兵北
伐惨败的教训，主张清除腐败，严肃政纪，收服民
心。这对当时处于危势的宋王朝来说，不失为正确的
决策。

真德秀所编撰的政治哲学著作《大学衍义》共43
卷，大旨为正君心，振纲纪，明治道，肃宫闱。

《大学衍义》专为帝王而作，全书以"帝王为治
之序""帝王为学之本""格物致知之要""诚意正心之
要""修身之要""齐家之要"为纲目。"每条之中，
首之以圣贤典训，次之以古今之迹，诸儒之释经论史
有所发明者录之。"

真德秀认为，作为执政者须永远牢记，"修身"
是其主政施治的根本，"修身"不能毕其功于一役，
必须长期坚持不懈，警惕私欲萌生，放纵堕落。作为
执政者必须有谨言慎行的素质，口无遮拦、放言无忌

韩胄 (1152年—
1207年)，即韩侂
胄，南宋权相。
相州安阳人。北
宋名臣韩琦的曾
孙。其父娶宋高
宗赵构皇后之
妹，韩侂胄以
恩荫入仕。1194
年，他与宗室赵
汝愚等人拥立宋
宁宗赵扩即皇帝
位。宋宁宗即位不
久，韩侂胄就逐赵
汝愚出朝廷。从
此，掌握军政大权
达13年之久。

统御之道

政论专著与文化内涵

明代邱浚塑像

宋濂（1310年—1381年），明代散文家、文学家，为明初诗文三大家之一。他的散文质朴简洁或雍容典雅，各有特色。朱元璋称他为"开国文臣之首"，刘基赞许他"当今文章第一"，四方学者称他"太史公"。著有《宋学士文集》。

者，不适合从政。作为执政者要常提醒自己，应起表率作用。能做到这两点，修身就有了保证。

修德有多种途径和方法，但最重要的途径和方法是学习。执政者并非天生比别人高明，人的聪明才智归根结底来自后天的学习。

因此自天子至百官都需要学习，即使真有所谓"生而知之"的圣人，也需要学习。他说："虽生知之圣，未有不从事于学者。"

真德秀认为，君臣关系很容易出现上骄下谄、是非莫察的情形。君主自以为是，搞一言堂，且悦人颂己，群臣阿谀奉承，齐称"圣上英明"，而不进忠谋，这样就会导致国家的危亡。

君主虽然有莫大的权力，但发号施令，只有遵循正理而行，才会为臣民所心服。否则，为所欲为，悖理行事，便会有令而不行。

真德秀的《大学衍义》在南宋以后产生过较大影响，在当时和后世均受到执政者的重视。宋理宗曾称赞《大学衍义》一书"备人君之轨范焉"。元武宗说："治天下，此一书足矣。"明太祖曾经问什么书可以作为帝王之学，当时著名文学家宋濂就推举了《大学衍义》。康熙皇帝称之为"力明正学"。

在《大学衍义》的基础上，明代户部尚书、武英殿大学士邱浚作《大学衍义补》160卷，增加了治国平天下的内容。

《大学衍义补》是为朝廷制定施政方针提供的历史参考书。国君遇到具体问题，可以从中查找相应的历史事迹与典章规制。

在邱浚看来，一个执政者英明与否，不在于他的绝顶聪明，而在于他能发挥和整合集体的智慧，这不

■《大学衍义补》

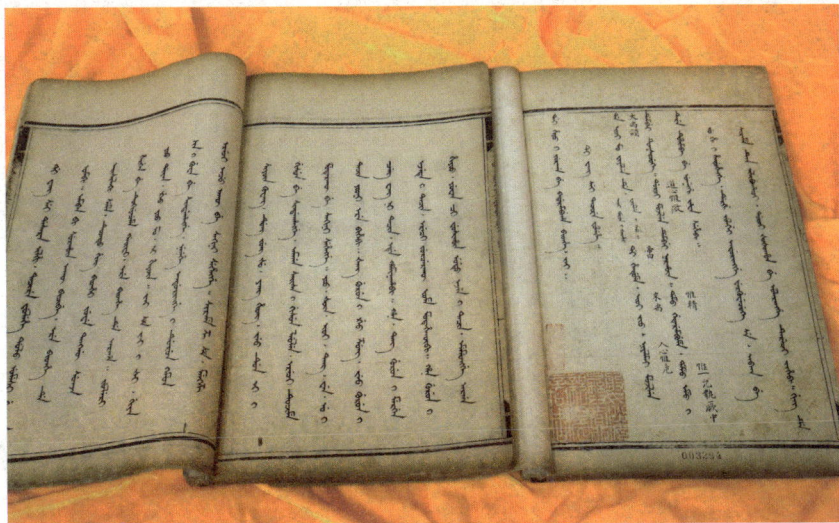

仅指大臣们的智慧，还包括广大民众的智慧。为政者最大的危害，就是言路壅塞，只能听到一小部分人的意见，听不到多数人的声音。执政者成了瞎子、聋子，这种时候就可能酝酿政治上的祸乱。

邱浚认为，"任人唯贤"的选官原则，说来容易，做起来很难。问题是，谁有眼力判断孰优孰劣呢？

历史上有英明的君主，他们有知人之明，所选择的辅弼大臣皆是一时之选，但并不能保证后继的执政者都有这种知人之明。

因此，一种较为方便而可靠的办法，就是参考资历，循级晋升。但这样做就带来一个严重的问题，就是那些出类拔萃的人永远没有出头的日子，因此邱浚主张："非不用资格，亦不纯用资格。随才授任，因时制宜。"

邱浚认为，治国平天下以"用人""理财"两事最为重要。理财，包括如何创造财富、积累财富和管理财富。国计民生的安排，乃至国家实力的提升，全以理财为根本。

《大学衍义》及《大学衍义补》成为元、明、清三代皇族学士必读之书。其治国之道、民生之理和廉政文化很为后世所推崇。

阅读链接

明太祖朱元璋常向宋濂询问帝王之学，并问哪些书最值得看，宋濂推荐《大学衍义》一书，明太祖于是下令把这本书的内容用大字刻在大殿两边廊壁上。不久朱元璋亲临西廊，众大臣也都在场，明太祖挑出《衍义》中司马迁论黄、老之学中的一段，让宋濂讲析。

待宋濂讲完，太祖便说："汉武帝沉溺于方技荒谬之说，一改汉文帝、景帝节俭之风，民力既已疲惫，而汉武帝还要用严刑来加以监督。如果为人之主能以仁义来治理民心，那么异端邪说就不会传播，而以学校来治理百姓的话，祸乱就不会发生，所以刑罚并不是要优先考虑使用的。"

帝王之道——帝鉴图说

明代中期，明世宗朱厚熜因喜神仙修道之术，政事荒废，致使权奸严嵩擅权长达20年之久。一时弄得兵备废弛，帑藏耗竭，民不聊生，国势日衰。

1566年，明世宗崩驾，裕王朱载垕嗣位。

朱载垕登基后，革除弊政，躬行节俭，任用大臣徐阶、张居正等，革新朝政，可惜在位仅6年，便一病不起。朱载垕去世时，继位的朱翊钧还是个年仅10岁，不

■张居正画像

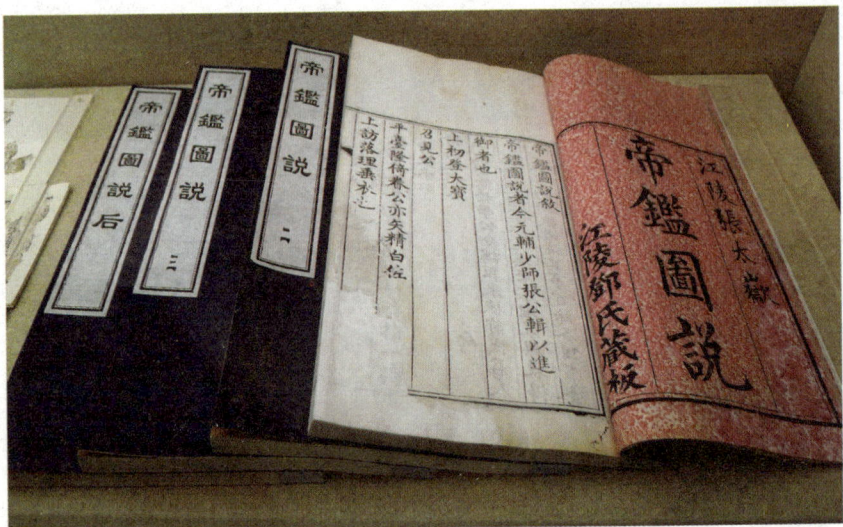

■《帝鉴图说》书影

经厂本 版本类型。是明代经厂所刻印的书本。经厂是明代司礼监经厂本所属、专管经书印版及印成书籍、佛经、道藏、番藏的机构。经厂本特点是开本大、印纸精、行格疏、字体大、粗黑口、铺陈考究。但由于出自内宦之手，校勘不精，故不为藏家、学人所珍重。

通世事的小孩子。

　　这时候，少师兼太子太师、吏部尚书、建极殿大学士张居正在宦官冯保的协助下，担任内阁首辅。

　　张居正在任内阁首辅大臣时，一面主持政务，一面担负起了教导幼年皇帝朱翊钧的重任。为了方便小皇帝的阅读，张居正亲自编撰了一部教科书，这就是《帝鉴图说》。

　　书中的插图是明代的木刻版画，线条简单，轮廓清晰，朴拙中带有几分稚趣，可爱又不失传神，兼具欣赏性和收藏性。幼年皇帝朱翊钧一经观赏，便爱不释手，当时还吩咐史官，要把这件事载入史册。

　　《帝鉴图说》由一个个小故事构成，每个故事配以形象的插图。全书分为上、下两篇，上篇"圣哲芳规"讲述了历代帝王的励精图治之举，下篇"狂愚覆辙"剖析了历代帝王的倒行逆施之祸。

　　"圣哲芳规"编录上自尧舜、下止唐宋共23位古代帝王的"其善为可法者"事迹共81则；"狂愚覆辙"共录三代以下共20位帝王的"恶可为戒者"劣行共36则。

对于所取事例，每一则还有一个标题，标题全部以4个字为限。如对秦始皇嬴政，即为"遣使求仙""坑儒焚书""大营宫室"；对汉高祖刘邦，就有"入关约法""任用三杰"等；对唐太宗李世民，则有"撤殿营居""敬贤怀鹬""弘文开馆""面斥佞臣"等；对宋徽宗赵佶，即为"应奉花石""任用六贼"等。

书中每一则事例都有情节、有人物，内容皆出自史籍，"记载未详者，不敢采录"，除引录史籍之外，各篇还附有用当朝的白话文写的讲释，有的篇目后面还间或有一些简短的评论文字。

张居正希望朱翊钧明白，治理国家的根本在于实施好的政令，以团结民心，运用各种方法进行防范是没有用的。秦王朝的灭亡就是明证。

张居正最初进呈的《帝鉴图说》是写本，不久即有司礼监刊刻的经厂本，自此该书流传宫外，有抄本，有刻本。

《帝鉴图说》虽为帝王读书而编写，但内容简单，通俗易懂，其中许多理论和方法，经过实践证明对于后世有着独到的参考和教育意义。

阅读链接

张居正除了给小皇帝朱翊钧讲读《帝鉴图说》外，还对小皇帝的其他各方面认真辅导，加上朱翊钧生母李太后对儿子的严格要求，这些对朱翊钧的成长都起到了极大的作用。

李太后希望自己的儿子成为一个有作为的皇帝，为此她搬到乾清宫与儿子同住，关照他的起居，五更便亲自去叫儿子起床上朝，或命左右掖之而起，取水洗脸，使之登辇出朝。李太后每日命儿子仿效经筵讲官重复学习内容，若贪玩或不读书，即罚长跪。朱翊钧一应大事都听从母后和张居正的安排，这也就促成了万历初年张居正改革的实现。

哲学与文学著作——焚书

李贽画像

那是在明代晚期，由于社会动荡，各种思想混杂。因循守旧反对改革的传统思想孔孟之道、程朱理学等遭到了猛烈的冲击。

当时有个著名的思想家、文学家叫李贽，曾任国子监博士，他的学术思想深受普通人民群众的欢迎。

他在麻城讲学时，四方来听讲的有数千人，其中有不少是妇女。但他被封建卫道士们视为"狂人"的"异端"。

李贽崇尚儒家学说，但反对当时把程朱理学作为评价是非的

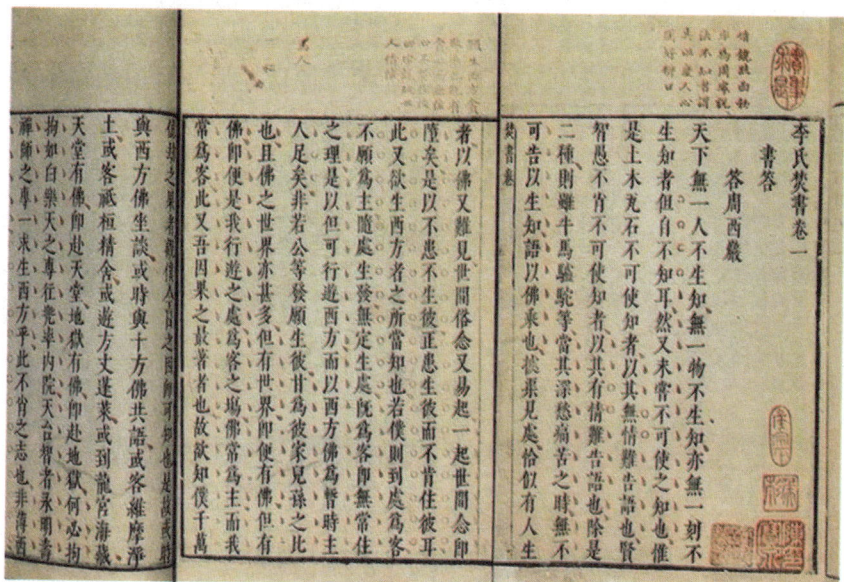

■ 《焚书》书影

唯一标准；强调为社稷民生着想、关心百姓生活才是"真道学"；提倡个性自由、官民平等和男女平等。

他的力作《焚书》《续焚书》对儒家和程朱理学的大胆批判所表现的反传统、反权威、反教条的精神，启迪与鼓舞了当时及后来的进步学者们，对人们解放思想、摆脱封建传统思想的束缚，产生了非常大的影响。

李贽《焚书》又称《李氏焚书》，共6卷。李贽死后由门人汪本轲编辑成集的《续焚书》，共5卷。两书收录了李贽这位著名思想家、文学家生前所写的书信、杂著、史评、诗文、读史短文等，表明了他的政治思想和哲学思想。

李贽深知自己的见解为世所不容，遂将著作名之为《焚书》，果然在明清两代多次遭焚，但屡焚屡刻，在民间广为流传。

天鉴风云 宋明政见

孔孟之道 孔子与孟子同为儒家文化的大师，都推崇"仁"的思想，都讲求"仁者爱人"，但是二者还是有着较大的区别。孔子偏向敦厚，而孟子偏向愤世嫉俗。两者思想的结合，便形成了儒家思想中的"孔孟之道"。

李贽痛恨维护封建礼教的假道学和那些满口仁义道德的卫道士、伪君子。他指斥那些所谓的道学家们：名利心太重，实际上都是"读书而求高第，居官而求尊显"，全是为自己打算。

李贽否认儒家的正统地位，否定孔孟学说是"道冠古今"的"万世至论"，认为不能将其当作教条而随便套用。

对理学礼教压迫下的妇女，李贽给以深深的同情，他大声疾呼，为妇女鸣不平。他批判了男子见识长、女子之见识短的说法。

如何拯救黎民于水火，探求一条益国利民的道路呢？李贽将目光投向了执政者，希望"有一个半个怜才者"出现，使"大力大贤"的有才之士"得以效用，彼必杀身图报，不肯忘恩"。

李贽不屈不挠的精神成为后世之楷模，《焚书》的锋芒指向儒家传统说教，向程朱理学提出大胆的怀疑和批判。李贽的书虽屡遭禁毁，但仍流行不绝。

阅读链接

明万历年间，晚年的李贽住在龙湖芝佛寺写作、讲学。虽说他是有大学问的人，却也开荒、种粮、种菜、勤快得很。

李贽讲学跟别的先生不一样。别的先生只收男孩，他偏偏要男孩女孩收在一起教；别人都要求孩子走路要轻，说话莫大声，而李贽偏要他们蹦蹦跳跳翻跟头，大声读书震天吼；别人教书要白天，李贽要求孩子白天帮大人种田、种地，夜晚听他讲学；别人教书是在学堂里，李贽要学生在钓鱼台上听；别人教书专讲"四书""五经"，李贽专教些实用的东西。

皇子蒙学——养正图解

那是在明代万历年间，明神宗的长子朱常洛，论理应该被立为太子，于是朝臣们纷纷上疏请求正式册立其为太子。

神宗认为立太子是他的家事，不用群臣来管。群臣则认为立太子是国家的根本大计，太子的蒙学养成关系到皇家千秋基业，历朝历代对储君的教育极为重视，所以本朝也应该尽早确定太子的地位，让他接受皇太子的教育。

焦竑画像

其实，明神宗心里一直没拿定主意，是否立长子为太子。历经几番君臣之争，

统御之道

政论专著与文化内涵

《养正图解》中的
"夫妇如宾"图

翰林院 是我国
历史上长期存在
着的一个带有浓
厚学术色彩的官
署。尽管其地位
在不同朝代有所
波动，性质却没
有大的变化。在
院任职与曾经任
职者，被称为翰
林官，简称翰
林，是传统社会
中层次最高的士
人群体。

明神宗做出了让步，同意让朱常洛以皇长子的身份接
受皇太子的教育。

　　当时有个杰出的思想家、藏书家、古音学家、文
献考据学家叫焦竑，他49岁中状元后，在北京任翰
林院修撰。因他为官勤于职守，廉洁自律，又才华出
众，很受皇上的青睐。皇长子朱常洛在东宫接受皇太
子的教育时，焦竑被皇帝任命为东宫讲读官。

　　焦竑对这项任命，感到非常荣耀，也感到责任重
大，因为他所面对的是这样一位特殊的学生：一个只
有13岁的孩童，又是一位皇子，未来的国君，须有一
定的方法，尽心尽力地履行其职责，要有针对性地对
这位小皇子进行教育。

　　焦竑为改进自己的教学方法，主动观察与培养皇

长子的积极性，他采纳了上级的建议：专门采辑古代有借鉴教育意义的事迹，从春秋战国起到唐宋止，在"修身、齐家、治国、平天下"方面有作为的皇太子的故事，共有60个，独立编成一部图文并茂的皇子课外辅导读物《养正图解》。

书中典故依次为：寝门视膳、膳斥鲍鱼、赈贷贫民、丹书受戒、听朝四辅、桐叶封虞、亟用贤人、戒君节饮、善言格天、自结履系、夫妇如宾、讬相献规、廷理执法、仁言动众、因乐求贤、得贤弭盗、敧器示戒、金人示戒、贱货尊贤、泣思直臣、询求政术、诛绝佞人、咨访相材、式闾礼士、政术谕下、雨不失期、旌贤去奸、敝袴待功、井窥示警、教子务学、条陈故事、嘉奖勤学、下车问疾、遣使质疑、爱惜郎官、托物喻政、礼聘遗贤、师事名贤、教子读

■ 《养正图解》中的"爱惜郎官"图

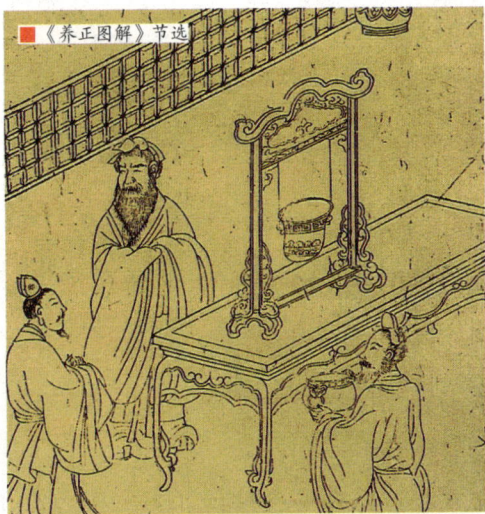
《养正图解》节选

书、伤指自悲、运甓习劳、不卖的卢、观获进规、投签警寐、引矢喻政、开馆亲贤、习射殿廷、崇师问道、上书减膳、观图自警、煮药燃须、克己任贤、奖劝循良、乐受格言、散遣宫人、遵守旧章、谕字知非、常读论语、焚香告天、借事纳忠。

全书以图解形式通过历史典故、古人事迹宣讲忠君、孝悌、诚信等封建伦理道德及言论行为规范，在解说中作者明理析义，借古喻今，竭力阐述儒家的"纲常"观念及仁、义、礼、智、信这"五德"思想，劝勉皇子从细微琐事入手修身养性，以达到治理国家的目的。

此书备受清代皇帝的赏识和推崇，清乾隆皇帝为其作诗，清嘉庆皇帝为其作赞，清光绪皇帝命将书与御制诗赞一并刊刻颁行，可见其重视程度。

阅读链接

焦竑幼年和成年时的家境并不富裕，使焦竑自幼形成了嗜书、集书、抄书及后来条件改善后刻板印书的习惯。集腋成裘，使他成为晚明最大的私人藏书家。

焦竑的藏书以抄本和宋明刊本居多。焦竑曾为自己丰富的藏书，编辑了一部两卷本的《焦氏藏书目》。藏书楼有"澹园""抱瓮轩""竹浪斋""万轴楼""五车楼""欣赏斋"等，自经史至稗官杂说，无不收罗。焦竑把自己的藏书楼命名为"五车楼"，把书房命名为"欣赏斋"。他的藏书具有全国性的影响。

清代官箴

从春秋战国时期的诸子百家开始，知识分子们撰写的统御之道多是纲领性、思想性、学术性典籍，后来逐渐发展为倾向服务于帝王的教科书。到了清代，这类作品越来越罕见，代之而起的是如何为官从政、如何察言观色、如何识人辨人的官箴书。

清代知识分子把宦海沉浮的经验和教训总结成文，一方面展示自己的才华和观点，希望借此革新吏治、拒绝庸才；另一方面又能给同僚或后进以帮助和启示。现身说法，使这些著作长期受到关注和欢迎。

从政教训——从政遗规

那是在清代雍乾时期，有位朝廷大员名叫陈宏谋，在他长达47年的仕途生涯中，曾在地方上从政30余年，历任12省21职，做过知府、

清代官员朝服像

驿盐道、布政使、按察使、巡抚和总督等职。他任巡抚时间之长，整个清代无人可比。

清乾隆初年，由于陈宏谋屡奏广西虚报垦荒地亩问题，受到降三级的惩处，后来起复，由吏部尚书授协办大学士，再至东阁大学士，又加太子太傅衔。去世后谥"文恭"。

陈宏谋在清代官员中地位之所以重要，并不在于其任上骄人的政绩，而在于他作为一个官员

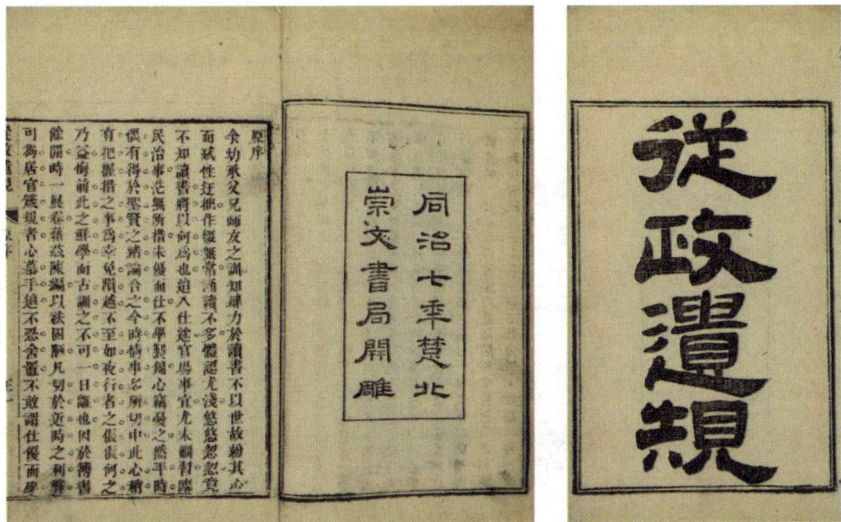

■《从政遗规》书影

的典型意义，以及他对经世之说的阐释。

陈宏谋在受到不公正待遇时，编辑了《五种遗规》，其中的《从政遗规》是一部专门针对官员进行道德教化的文集。

《从政遗规》分上、下两卷，采录了宋代到清代几十位政治家和学者有关从政的言论和事迹，加上陈宏谋本人的按语编辑而成。主要选录了居官怎样清廉公正，怎样审理公务无误，怎样处理上下级关系，怎样动用刑法得当等内容。这些内容反映了清代一些官员正统精英的从政思想。

仕风和吏治直接关系到社会风气、社会稳定。在清乾隆前期，吏治问题就已经相当突出，如何扭转这种恶劣的官场风气，《从政遗规》中提到两点箴规：一要端正做官动机；二要正确对待钱财。

陈宏谋非常赞赏"仕非为贫"的观点，不能为了摆脱贫困而去做官，一旦心怀此念就会产生做官发

布政使 官名。明洪武年间撤销行中书省，以后陆续分为十三个承宣布政使司，与按察使同为一省的行政长官。清代始正式定为督、抚的属官，专管一省的财赋和人事，与专管刑名的按察使并称两司。康熙六年后，每省设布政使一员，不分左右，均为从二品。

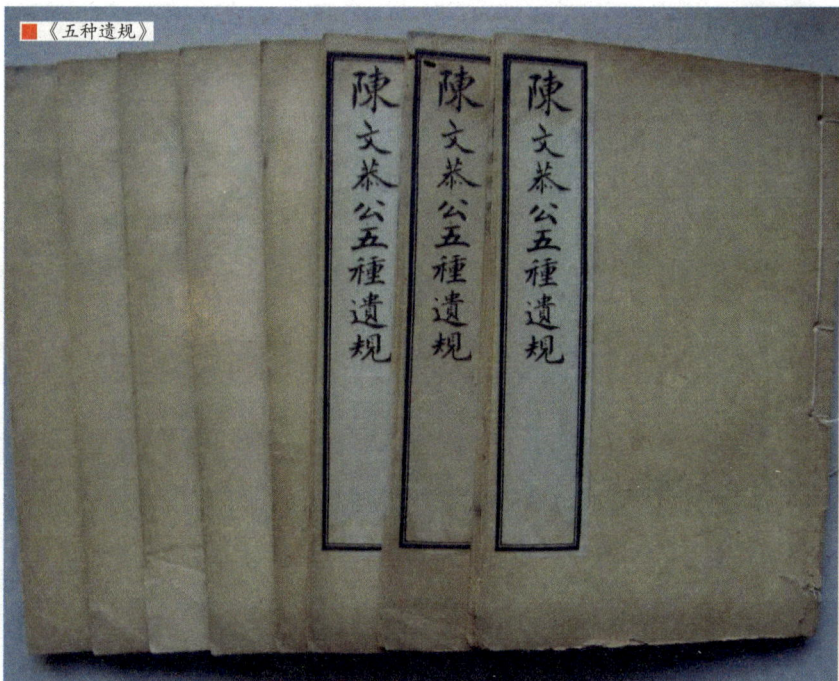

财的念头，而变得"患得患失，何所不至"。更严重的是，还会堕落到搜刮民脂民膏以满足自身享受的地步。为了不致在生活上被打开缺口，陈宏谋还一再强调官员应保持简朴的生活。

陈宏谋深知当奢靡风气侵袭着一个王朝的上上下下、当绝大多数的社会成员乐此不疲地追逐享乐时，这个社会便失去向上的活力而跌入恶性循环的深渊。正是有感于朝野上下对奢华生活方式的追逐，他在编辑《从政遗规》时对于提倡俭朴内容的文字大量收录。

《从政遗规》中还讲了许多办事原则和方法。关于办事原则，《从政遗规》中强调：从政者要"以爱人为本""心不可有一毫之偏向"，要"为天下，不为一身。计久远，不计目前"，要"平易，便民"等等。

陈宏谋认为，这些办事原则都是为政的根本，官员一定要切记在心。关于办事方法，《从政遗规》中讲得更为具体，如"以通下情为急", 强调了通下情的紧迫性。又如"审而后发, 发无不中", 指出了官员办事只有经过审查后再做决定, 才能百发百中。

清代官场人际关系非常复杂, 官员整天要和官长、同僚、群吏打交道, 还要接触百姓中各种各样的人, 如何处理好这些关系,《从政遗规》中也有很多忠告: 官员应"事君如事亲, 事官长如事兄, 与同僚如家人, 待群吏如奴仆, 爱百姓如妻子, 处官事如家事, 然后为能尽吾之心"。

官员如果将上下同僚都视为一家人, 像处理家事那样来处理公事, 就能很好地与人相处。官员对上要忠和敬, 对下要谦和。如果一味地谦和, 就会受到下属的轻侮, 只有"谦而庄", 才能使下属"爱而畏"。

《从政遗规》的著述, 反映出作者陈宏谋试图借助道德教育的传统方式, 寻找出解决吏治问题的途径。他的观点在当时和之后被普遍接受, 清末以《从政遗规》为主的《五种遗规》被定为中学堂的修身读本, 后被定为官员从政的必读书。

阅读链接

陈弘谋任江苏巡抚的时候, 曾经遇到一个案件: 吴县富孀周张氏, 19岁守寡, 抚养遗腹子长大, 不料儿子突然病亡。按礼法, 应该为没有后代的死者"立嗣"。周氏宗族打算为周张氏的丈夫立一个嗣子, 但周张氏却要为儿子立一个嗣子。由于周张氏家富, 双方无法和解, 形成诉讼, 前几任知县都批由宗族公议, 可宗族又争议不下, 累积案牍厚达数尺, 一拖竟拖了18年。新任知县的师爷汪辉祖问明情况, 根据传统礼法, 引经据典, 确认批准周张氏的请求。

后来陈弘谋亲自过问此案, 详细了解情况, 认为师爷批文得体, 表彰了知县和师爷。

为官之道——中国官场学

清代官场中作为幕僚的"师爷"，属于地位超然、不可或缺的一种特殊角色。而"绍兴师爷"一词则得名于清代"一代名幕"汪辉祖。

汪辉祖21岁入岳父江苏金山知县王宗闵幕府，开始涉足官场，研习刑名案件。以后在江苏、浙江各地16位官员幕内，充当刑名师爷长达34年之久。

汪辉祖画像

在此期间，汪辉祖多次应试，8次落第之后终于在31岁时中举，直到46岁时再经3次落第之后，才中进士，几年后出任知县、知州，以廉洁著称。他好学不倦，精明干练，博览群书，尤对法家学说钻研甚深。他一生所解疑难杂案甚多，深得百姓爱戴。

佐治藥言
蕭山汪輝祖龍莊氏著
盡心
士人不得以身出治而佐人為治勢非不得已然歲倚
所入實分官俸亦在官之祿之與人之食而謀之不
忠天豈有以福之且官與幕客非盡鄉里之戚非有
親故之歡厚戚而賓禮之什伯於鄉里之戚故贅非有
之所藥倚焉於其心縱無天譴其免人謫乎故佐治以
為本

《佐治药言》

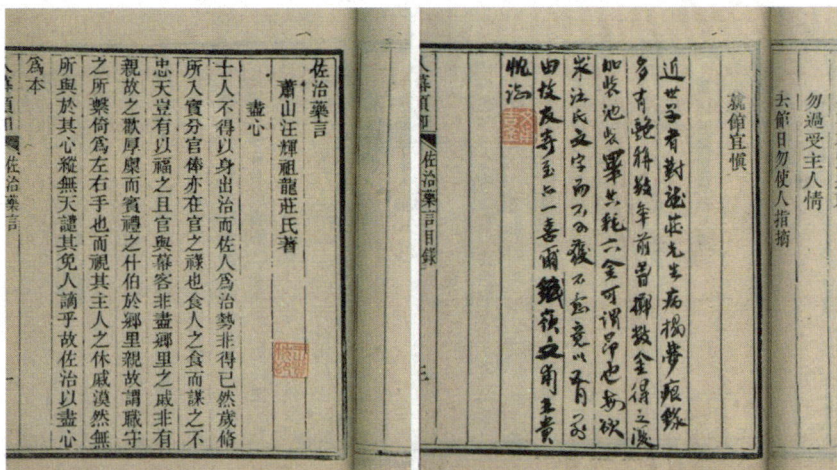

汪辉祖一生著作甚丰，尤精于史学，对姓氏研究也颇有成就。在完成大量历史著述之余，他写下了两部论述为官之道的名著《佐治药言》和《学治臆说》。这两部书在清代一直被视为地方官必备的指南。

晚年的汪辉祖，历经宦海浮沉，对官场扑朔迷离的人和事，看得入木三分，便开始对家中晚辈和亲密弟子传授官场秘道，汪辉祖的官场教科书虽也不乏种种官场机变与权术，但更多的却是教授如何做一个正直、善良、有责任心的官场中人。

汪辉祖所著的《学治臆说》《佐治药言》《续佐治药言》《幕学举要》《学治说赘》，加上同时代人万枫江《幕学举要》，合为《中国官场学》。

汪辉祖在书中，指出官员走马上任，就要建立声望。一个做官的人，名声的好坏，一般在他离任时才能够得出结论。但是实际上，在他刚刚走马上任的时候，就开始定下了好坏的基础。

汪辉祖认为做官不可无才。才能是一个人内在

幕僚　古代将帅出征，治无常处，以幕为府，故称幕府，其佐治人员则统称幕僚。以后相沿成习，幕府成为各级军政官署之代称，应聘帮助军政大员办理各类事务之文人学士，也就获得幕僚、幕宾、幕友等称谓。

官道之学
清代官箴

统御之道

政论专著与文化内涵

■ 清代官场衙门

切脉 又称为把脉，是中医师用手按病人的动脉，根据脉象，以了解疾病内在变化的诊断方法。切脉具有悠久的历史，它反映了中医学诊断疾病的特点和经验。切脉是古代汉族医学家独创的诊法，近代以来西医看病习惯用听诊器，而2000多年来中医则习惯脉诊，即用手指按脉，根据脉象来诊断疾病。

品德的外在表现。有了治理的打算以后，自己的才能却不足以实现这个计划，那么在他周围的人，里里外外的人，就都乘机盗窃分走他的一部分权力，达到假公济私的目的。

因此，一件事情到了手中时，当官的人就必须从头到尾，通盘加以仔细思索才能开始动手。只有有才能的人，才能够反复权衡考虑而让事情有好的结果；没有才能的人，就算他以不变应万变，也仍然得不到好的结果。

在汪辉祖看来，多疑者必败。怀疑别人就会导致对别人的信任不会持久，身怀才能的人也就不会被这种人使用。对事情疑虑重重就会优柔寡断，事情也就干不成功。造成这两种情况的原因，是由于胸无定见。胸中缺乏定见，那他周围的人的意见就会左右他。

官员应当因时因地，区别对待。具备了才干和胆识，就可以算得上会做官了。然而才干贵在干练通达，胆识贵在善于明白事理。遇上那种彼此不同的风俗习惯，现在和过去形势不同的情况，特别要权衡时间和地点的差异，筹划出与之相适应的办法来。

如果自恃才能和见识足以胜任，独断专行且自以为是，那么就会始终搞不好事情，处理不好政务。这个道理和医生用药一样，如果不知道怎样切脉，不懂得在处方中加药或减药，只是一味地抄袭前人的现成药方，那么用人参也会置人于死地，这和用砒霜杀人没有不同。

书中关于执法和量刑，提出执行法律要宽大一分，这就是所说的：与其滥杀无辜，宁可失于不照章办事。但这并不意味着放纵，如果事实确凿、刑罪相符，自然应当处以重刑。

无论是位居官长或是投身为幕僚，为官之道，造福一方，关键在于汪辉祖所说的四个字："立心要正。"立心正者，虽讷于变通，以致贬谪去职，不一定真不会做官；立心不正者，虽老谋深算，爬上高位，未必真精通当官的诀窍。

《中国官场学》的内容深刻总结了汪辉祖和万枫江两位作者历任府、州、县幕僚和知县数十年的官场经验，是清代乾隆年间官场各种现象和应对措施的集大成者。

阅读链接

汪辉祖任湖南宁远知县之前，当地规定庶民百姓必须吃淮盐，淮盐的价高于粤盐价几倍，宁远百姓私下用粤盐，粤盐在宁远属私盐，淮盐在宁远属官盐，买卖粤盐违犯禁令。作为一县之主的汪辉祖得知此事后，向上司呈文，请求允许宁远可售粤盐，购买一次不超过十斤，告示张贴全县。

宁远百姓食盐问题得到解决后，无不拍手称好。但有人却诬告汪辉祖支持贩卖私盐，汪辉祖以理抗争。后湖南总督毕沅知道此事后，大加赞赏，并"立驰零盐禁"。因此汪辉祖被老百姓称颂为"莽知县"，有"廉明听正"之称。后他调善化县令，因足疾辞职回乡，途经宁远时，人们自发夹道相送，有的人送至长沙仍依依不舍。

官箴精粹——居官必览

■金庸斋画像

清代官场上流传一句谚语，叫作"莫用三爷，废职亡家"。这里所说的"三爷"，其实是指三种人："子为少爷，婿为姑爷，妻兄弟为舅爷。"这少爷、姑爷和舅爷，未必没有才干，但居高位者，绝不可对之倚为心腹，委以重任。

这句官场谚语，实际是总结了一条十分重要的历史经验，那就是大臣们要做一个清正廉洁的好官，不仅要自己洁身自好，严于律己，而且要严格要求和管理好自己的至爱亲朋，不可任意让他们逞威弄权，尤其不可一味任用至亲，否则百弊丛生。

在清代，类似的经验之谈甚多，有些文人学子，或中低层官吏便把这类经验总结汇集成书，成为官箴书。

清代的官箴书约有500余种，包括训诫格言、公牍选编、州县官入门、幕学书、传记汇编、从政自传和统治艺术汇编等多种形式。其中，金庸斋的《居官必览》便是其中的优秀佳作。

《居官必览》采用明代袁了凡的功过格形式撰写而成。该书总结出为官功格58条、过格42条，就事使、操持、兴革、教化、刑狱、赋税6方面，展开对居官治民的功过是非的界定与评述，所论大部十分精辟，切中要害。诚如书名所言，居官者定要看一看这本书，以效法古今官吏中那些一腔正气、两袖清风的楷模，清末重臣李鸿章将此书视为"枕边书"。

《居官必览》集从政"清、公、勤、明、和、慎"六篇为一体，糅合事使、操持、兴革、教化、刑狱、赋税于一身。作者认为读书做官，首先要有"爱民之心"。

作者批评当时官场流行的种种恶习，又指出，贪官并不是与生俱来的。不少人在未仕之先，也曾满腔豪情，壮怀激烈，一心想做个一身正气、两袖清风的好官。待到进入仕途，大权在握之后，各种诱惑也就

■ 李鸿章画像

功过格 初指道士逐日登记行为善恶以自勉自省的簿格，及后流行于民间，泛指用分数来表现行为善恶程度、使行善成恶得到具体指导的一类善书曲艺。具体做法是把这类善书分别列为功格善行和过格恶行两项，并用正负数字标示。

随之而来，意志薄弱者"于是乎良心死，而贪心生矣"。

金庸斋在书中指出："倦最害事。""当官者，一日不勤，下必受其弊。""此身苟一日之闲，百姓罹无涯之苦。"为什么呢？原因很简单，官员如果倦于政事，则必然使"民困日深""民生日艰"。

"政通人和"历来是我国理想的政治理念之一。清人论政，极重求"通"。清代的一些谈论政风吏治的作品中，往往对"通"字给予很大关注，并且赋予相当丰富的内容。《居官必览》警示：

天下大虑，惟下情不通为可虑。

不通下情的一个直接结果，就是政情蒙蔽，政令不行。如果不通下情，就不能及时察觉、处理与化解客观存在的社会矛盾，还会使各种矛盾不断积聚和发展，到一定程度，甚至形成严重的社会危机，造成"危亡之势"。

阅读链接

《居官必览》中指出为官"察访民情应从简，探知民意勿扰民"。清代名臣林则徐作为廉洁正直之士亦是如此。

林则徐当年离京赶赴广州禁烟，明令通知各地州县长官必须"五不"：即不准大办酒席，不准馈赠礼物，不准惊动百姓，不准送钱给随从人员，不住豪华房子。途中有个县官接到通告后，自以为这是怕地方官准备不周到，才故意这么通知的。于是宰猪杀羊，张灯结彩，派工铺路，装修新房，专候钦差大臣光临。几天后，林则徐派出的先遣官员来了，了解到这个县官劳民伤财，被老百姓恨透了，连夜报告了林则徐。林则徐果断决定绕道而行，同时，还将情况告知县官的上司。结果这个县官被官降一级，这时他才省悟：林则徐的正直、廉洁并非虚传。

识人用人宝典——冰鉴

那是在晚清末年，英法联军挑起第二次鸦片战争，清王朝岌岌可危。这时候，有个人走上历史舞台，改写了清代历史，他就是曾国藩。

有评论者说：如果以人物断代的话，曾国藩是我国古代历史上的最后一人，近代历史上的第一人。这句话从某一角度，概括了曾国藩的个人作用和影响。

在我国的历史上，能在政治、军事、文化、思想几个方面，同样出类拔萃的人，其实并没有几个。曾国藩就是这屈指可

曾国藩画像

数的人之一。

曾国藩是晚清时的重臣，湘军之父，湘军的创立者和统帅者。清代战略家、理学家、政治家、书法家、文学家，晚清散文"湘乡派"创立人，晚清"中兴四大名臣"之一。他是我国历史上最有影响的人物之一。他几乎览尽天下英才，并且专门写了一部识人用人的书《冰鉴》。

怎样用人，特别是怎样用准人，其中学问极深。《冰鉴》的用人学问，是曾国藩人生成功术中重要的一门，他从不盲目选人，糊涂授权，而是睁大自己的一双明亮之眼，遵循"看透人之后再用人"的方法，该避则避、该提则提，显示出到位的领导才智和管理才智。

曾国藩用人四法：做、省、学、禁；摸透人的精、气、神；任用智、言、劳3种人。他有个相术口诀为：

邪正看眼鼻，真假看嘴唇；
功名看气概，富贵看精神；
主意看指爪，风波看脚筋；
若要看条理，全在语言中。

■ 湖南乡贤铜像

湘军 是晚清时对湖南地方军队的称呼，或称湘勇。太平天国运动兴起后，清朝正规军无法抵御，不得不利用地方武装，湘军就是在这时发展起来的。除了镇压太平天国时期的曾国藩创建的湘军，还包括该部一直延续到抗日战争时期的湖南军队。

曾国藩认为一个人的精与神，全在于双眼；一人的骨骼品相，全在于脸部。其他人需要把身形与精神一起讨论，读书人要先观察他的神气与骨相，单刀直入，这是最重要的。

古代文人观察人的"神"时，一般都把"神"分为清纯与浑浊两种类型。"神"的清纯与浑浊是比较容易区别的，但因为清纯又有奸邪与忠直之分，这奸邪与忠直则不容易分辨。要考察一个人是奸邪还是忠直，应先看他处于动静两种状态下的表现。

眼睛处于静态之时，目光安详沉稳而又有光，真情深蕴，宛如两颗晶亮的明珠，含而不露；处于动态之时，眼中精光闪烁，敏锐犀利，就如春木抽出的新芽。双眼处于静态之时，目光清明沉稳，旁若无人。处于动态之时，目光暗藏杀机，锋芒外露，宛如瞄准目标，一发中的，待弦而发。

"湘乡派"是近代古文流派之一，因其代表人物曾国藩为湖南湘乡人而得名。湘乡派继承并发展了清代桐城派古文，扩大了桐城派的影响。于桐城派标榜的义理、考据、辞章之外，又加"经济"一条，使文章内容更加面向社会现实，为文少禁忌，奇偶并用，舒展雄厚。

■《冰鉴》书影

统御之道

政论专著与文化内涵

以上两种神情，澄明清澈，属于纯正的神情。两眼处于静态的时候，目光有如萤火虫之光，微弱而闪烁不定；处于动态的时候，目光有如流动之水，虽然澄清却游移不定。

以上两种目光，一是善于伪饰的神情，二是奸，心内萌的神情。两眼处于静态的时候，目光似睡非睡，似醒非醒；处于动态的时候，目光总是像惊鹿一样惶惶不安。

以上两种目光，一则是有智有能而不循正道的神情，一则是深谋图巧又怕别人窥见他的内心的神情。具有前两种神情者多是有瑕疵之辈，具有后两种神情者则是合而不发之人，都属于奸邪神情。可是它们混杂在清纯的神情之中，这是必须仔细加以辨别的。

一般来说，观察识别人的精神状态，那种只是在那里故作振作的人，是比较容易识别的，而那种看起来似乎是故作抖擞，又可能是真的精神振作，就比较难于识别了。精神不足，即便它是故作振作并表现于外的，但不足的特征是掩盖不了的。而精神有余，则是由于它是自然流露并蕴含于内。

■ 清代内阁大臣

道家有所谓"收拾入门"之说，用于观"神"，要领是：尚未"收拾入门"，要着重看人的轻慢不拘，已经"收拾入门"，则要着重看人的精细周密。

对于小心谨慎的人，要从尚未"收拾入门"的时候去看他，这样就可以发现，他越是小心谨慎，他的举动就越是不精细，欠周密，总好像漫不经心，这种精神状态，就是所谓的轻慢不拘；对于率直豪放的人，要从已经"收拾入门"的时候去看他，这样就可以发现，他越是率直豪放，他的举动就越是慎重周密，做什么都一丝不苟，这种精神状态，实际上都存在于内心世界，但是它们只要稍微向外一流露，立刻就会变为情态，而情态则是比较容易看到的。

其他诸如骨骼、五官、容貌、面色等，如何辨别确认，书中都做了一一记录，分析到位，讲解翔实。

《冰鉴》是曾国藩一生识人心得之结晶。冰鉴，取"以冰为鉴，明察秋毫"之意。就是要为读者提供一些鉴人识人的经验之谈。告诉你怎样的人可以相处，怎样的人不能共事。为我们在择木而栖、择人

歌辞散落满江楼

馆源弟曾国藩

尊酒登临徧山寺

礼南尊无大人鉴

曾国藩行书

而婚、择友而游、择邻而居时提供必要的参考。

同时，《冰鉴》一书本身就是一块冰、一面镜子。世人对照其中的论述，皆可清晰地看到自身的影子。即看到自己有哪些优点可以获得成功，又有哪些缺点可以导致失败。有心的人就可以从中找到修身的依据。

《冰鉴》一书是曾国藩总结个人心得而成的一部传世奇书，它是曾国藩体察入微、洞悉人心的心法要诀。因其具有极强的实用性、启迪性和借鉴性，受到各界人士的重视和喜爱。

曾国藩

阅读链接

曾国藩起兵开始时人心不服，于是他开始反思，是不是道德修养不够，不足以号召群人？这时他的幕僚刘蓉对他说，你自己廉洁自律，作为自己修身的准则，这非常好，但是你不能以廉来要求所有的人，以廉绳人，功名之士就会掉臂而走。

曾国藩是个非常善于自我控制的人，他听了刘蓉的话，"揣摩风会，一变前志"，完全改变了过去那种做法。只要大将有才，几百万、几十万在所不惜；提拔人不讲资格，只要有能力，就提拔一步到位。如此一来，使湘军很快打开了局面。

中华精神家园书系

建筑古蕴

壮丽皇宫：三大故宫的建筑壮景
宫殿怀古：古风犹存的历代华宫
古都遗韵：古都的厚重历史遗韵
千古都城：三大古都的千古传奇
王府胜景：北京著名王府的景致
府衙古影：古代府衙的历史遗风
古城底蕴：十大古城的历史风貌
古镇奇葩：物宝天华的古镇奇观
古村佳境：人杰地灵的千年古村
经典民居：精华浓缩的最美民居

古建风雅

皇家御苑：非凡胜景的皇家园林
非凡胜景：北京著名的皇家园林
园林精粹：苏州园林特色与名园
秀美园林：江南园林特色与名园
园林千姿：岭南园林特色与名园
雄丽之园：北方园林特色与名园
亭台情趣：迷人的典型精品古建
楼阁雅韵：神圣典雅的古建象征
三大名楼：文人雅士的汇聚之所
古建古风：中国古典建筑与标志

古建之魂

千年名刹：享誉中外的佛教寺院
天下四绝：佛教的海内四大名刹
皇家寺院：御赐美名的著名古刹
寺院奇观：独特文化底蕴的名刹
京城宝刹：北京内外八刹与三山
道观杰作：道教的十大著名宫观
古塔瑰宝：无上玄机的魅力古塔
宝塔珍品：巧夺天工的非常古塔
千古祭庙：历代帝王庙与名臣庙

文化遗迹

远古人类：中国最早猿人及遗址
原始文化：新石器时代文化遗址
王朝遗韵：历代都城与王城遗址
考古遗珍：中国的十大考古发现
陵墓遗存：古代陵墓与出土文物
石窟奇观：著名石窟与不朽艺术
石刻神工：古代石刻与文化艺术
岩画古韵：古代岩画与艺术特色
家居古风：古代建材与家居艺术
古道依稀：古代商贸通道与交通

古建涵蕴

天下祭坛：北京祭坛的绝妙密码
祭祀庙宇：香火旺盛的各地神庙
绵延祠庙：传奇神人的祭祀圣殿
至圣尊崇：文化浓厚的孔孟祭地
人间天宫：非凡造诣的妈祖庙宇
祠庙典范：最具人文特色的祭祠
绝代王陵：气势恢宏的帝王陵园
王陵雄风：空前绝后的地下城堡
大宅揽胜：宏大气派的大户宅第
古街韵味：古色古香的千年古街

物宝天华

青铜时代：青铜文化与艺术特色
玉石之国：玉器文化与艺术特色
陶器寻古：陶器文化与艺术特色
瓷器故乡：瓷器文化与艺术特色
金银生辉：金银文化与艺术特色
珐琅精工：珐琅器与文化之特色
琉璃古风：琉璃器与文化之特色
天然大漆：漆器文化与艺术特色
天然珍宝：珍珠宝石与艺术特色
天下奇石：赏石文化与艺术特色

古迹奇观
玉宇琼楼：分布全国的古建筑群
城楼古景：雄伟壮丽的古代城楼
历史开关：千年古城墙与古城门
长城纵览：古代浩大的防御工程
长城关隘：万里长城的著名关卡
雄关漫道：北方的著名古代关隘
千古要塞：南方的著名古代关隘
桥的国度：穿越古今的著名桥梁
古桥天姿：千姿百态的古桥艺术
水利古貌：古代水利工程与遗迹

山水灵性
母亲之河：黄河文明与历史渊源
中华巨龙：长江文明与历史渊源
江河之美：著名江河的文化源流
水韵雅趣：湖泊泉瀑与历史文化
东岳西岳：泰山华山与历史文化
五岳名山：恒山衡山嵩山的文化
三山美名：三山美景与历史文化
佛教名山：佛教名山的文化流芳
道教名山：道教名山的文化流芳
天下奇山：名山古迹与文化内涵

自然遗产
天地厚礼：中国的世界自然遗产
地理恩赐：地质蕴含之美与价值
绝美景色：国家综合自然风景区
地质奇观：国家自然地质风景区
无限美景：国家自然山水风景区
自然名胜：国家自然名胜风景区
天然生态：国家综合自然保护区
动物乐园：国家动物自然保护区
植物王国：国家保护的野生植物
森林景观：国家森林公园大博览

西部沃土
古朴秦川：三秦文化特色与形态
龙兴之地：汉水文化特色与形态
塞外江南：陇右文化特色与形态
人类敦煌：敦煌文化特色与形态
巴山风情：巴渝文化特色与形态
天府之国：蜀文化的特色与形态
黔风贵韵：黔贵文化特色与形态
七彩云南：滇云文化特色与形态
八桂山水：八桂文化特色与形态
草原牧歌：草原文化特色与形态

东部风情
燕赵悲歌：燕赵文化特色与形态
齐鲁儒风：齐鲁文化特色与形态
吴越人家：吴越文化特色与形态
两淮之风：两淮文化特色与形态
八闽魅力：福建文化特色与形态
客家风采：客家文化特色与形态
岭南灵秀：岭南文化特色与形态
潮汕之根：潮州文化特色与形态
滨海风光：琼州文化特色与形态
宝岛台湾：台湾文化特色与形态

中部之魂
三晋大地：三晋文化特色与形态
华夏之中：中原文化特色与形态
陈楚风韵：陈楚文化特色与形态
地方显学：徽州文化特色与形杰
形胜之区：江西文化特色与形态
淳朴湖湘：湖湘文化特色与形态
神秘湘西：湘西文化特色与形态
瑰丽楚地：荆楚文化特色与形态
秦淮画卷：秦淮文化特色与形态
冰雪关东：关东文化特色与形态

节庆习俗
普天同庆：春节习俗与文化内涵
张灯结彩：元宵习俗与彩灯文化
寄托衰思：清明祭祀与寒食习俗
粽情端午：端午节与赛龙舟习俗
浪漫佳期：七夕节俗与妇女乞巧
花好月圆：中秋节俗与赏月之风
九九赏秋：重阳节俗与登高赏菊
千秋佳节：传统节日与文化内涵
民族盛典：少数民族节日与内涵
百姓聚欢：庙会活动与赶集习俗

民风根源
血缘脉系：家族家谱与家庭文化
万姓之根：姓氏与名字号及称谓
生之由来：生庚生肖与寿诞礼俗
婚事礼俗：嫁娶礼俗与结婚喜庆
人生遵俗：人生处世与礼俗文化
幸福美满：福禄寿喜与五福临门
礼仪之邦：古代礼制与礼仪文化
祭祀庆典：传统祭典与祭祀礼俗
山水相依：依山傍水的居住文化

衣食天下
衣冠楚楚：服装艺术与文化内涵
凤冠霞帔：佩饰艺术与文化内涵
丝绸锦缎：古代纺织精品与布艺
绣美中华：刺绣文化与四大名绣
以食为天：饮食历史与筷子文化
美食中国：八大菜系与文化内涵
中国酒道：酒历史酒文化的特色
酒香千年：酿酒遗址与传统名酒
茶道风雅：茶历史茶文化的特色

国风美术
丹青史话：绘画历史演变与内涵
国画风采：绘画方法体系与类别
独特画派：著名绘画流派与特色
国画瑰宝：传世名画的绝色魅力
国风长卷：传世名画的大美风采
艺术之根：民间剪纸与民间年画
影视鼻祖：民间皮影戏与木偶戏
国粹书法：书法历史与艺术内涵
翰墨飘香：著名书法名作与艺术
行书天下：著名行书精品与艺术

汉语之魂
汉语源流：汉字汉语与文章体类
文学经典：文学评论与作品选集
古老哲学：哲学流派与经典著作
史册汗青：历史典籍与文化内涵
统御之道：政论专著与文化内涵
兵家韬略：兵法谋略与文化内涵
文苑集成：古代文献与经典专著
经传宝典：古代经传与文化内涵
曲苑音坛：曲艺说唱项目与艺术
曲艺奇葩：曲艺伴奏项目与艺术

博大文学
神话魅力：神话传说与文化内涵
民间相传：民间传说与文化内涵
英雄赞歌：四大英雄史诗与内涵
灿烂散文：散文历史与艺术特色
诗的国度：诗的历史与艺术特色
词苑漫步：词的历史与艺术特色
散曲奇葩：散曲历史与艺术特色
小说源流：小说历史与艺术特色
小说经典：著名古典小说的魅力

歌舞共娱
古乐流芳：古代音乐历史与文化
钧天广乐：古代十大名曲与内涵
八音古乐：古代乐器与演奏艺术
弯歌凤舞：古代大曲历史与艺术
妙舞长空：舞蹈历史与文化内涵
体育古项：体育运动与古老项目
民俗娱乐：民俗运动与古老项目
刀光剑影：器械武术种类与文化
快乐游艺：古老游艺与文化内涵
开心棋牌：棋牌文化与古老项目

科技回眸
创始发明：四大发明与历史价值
科技首创：万物探索与发明发现
天文回望：天文历史与天文科技
万年历法：古代历法与岁时文化
地理探究：地学历史与地理科技
数学史鉴：数学历史与数学成就
物理源流：物理历史与物理科技
化学历程：化学历史与化学科技
农学春秋：农学历史与农业科技
生物寻古：生物历史与生物科技

文化标记
龙凤图腾：龙凤崇拜与舞龙舞狮
吉祥如意：吉祥物品与文化内涵
花中四君：梅兰竹菊与文化内涵
草木有情：草木美誉与文化象征
雕塑之韵：雕塑历史与艺术内涵
壁画遗韵：古代壁画与墓室丹青
雕刻精工：竹木骨牙角匏与工艺
百年老号：百年企业与文化传承
特色之乡：文化之乡与文化内涵

杰出人物
文韬武略：杰出帝王与励精图治
千古忠良：千古贤臣与爱国爱民
将帅传奇：将帅风云与文韬武略
思想宗师：先贤思想与智慧精华
科学鼻祖：科学精英与求索发现
发明巨匠：发明天工与创造英才
文坛泰斗：文学大家与传世经典
诗神巨星：天才诗人与妙笔华篇
画界巨擘：绘画名家与绝代精品
艺术大家：艺术大师与杰出之作

戏苑杂谈
梨园春秋：中国戏曲历史与文化
古戏经典：四大古典悲剧与喜剧
关东曲苑：东北戏曲种类与艺术
京津大戏：北京与天津戏曲艺术
燕赵戏苑：河北戏曲种类与艺术
三秦戏苑：陕西戏曲种类与艺术
齐鲁戏台：山东戏曲种类与艺术
中原曲苑：河南戏曲种类与艺术
江淮戏话：安徽戏曲种类与艺术

千秋教化
教育之本：历代官学与民风教化
文武科举：科举历史与选拔制度
教化于民：太学文化与私塾文化
官学盛况：国子监与学宫的教育
朗朗书院：书院文化与教育特色
君子之学：琴棋书画与六艺课目
启蒙经典：家教蒙学与文化内涵
文房四宝：纸笔墨砚及文化内涵
刻印时代：古籍历史与文化内涵
金石之光：篆刻艺术与印章碑石

悠久历史
古往今来：历代更替与王朝千秋
天下一统：历代统一与行动韬略
太平盛世：历代盛世与开明之治
变法图强：历代变法与图强革新
古代外交：历代外交与文化交流
选贤任能：历代官制与选拔制度
法治天下：历代法制与公正严明
古代税赋：历代赋税与劳役制度
三农史志：历代农业与土地制度
古代户籍：历代区划与户籍制度

信仰之光
儒学根源：儒学历史与文化内涵
文化主体：天人合一的思想内涵
处世之道：传统儒家的修行法宝
上善若水：道教历史与道教文化

梨园谱系
苏沪大戏：江苏上海戏曲与艺术
钱塘戏话：浙江戏曲种类与艺术
荆楚戏台：湖北戏曲种类与艺术
潇湘梨园：湖南戏曲种类与艺术
滇黔好戏：云南贵州戏曲与艺术
八桂梨园：广西戏曲种类与艺术
闽台戏苑：福建戏曲种类与艺术
粤琼戏话：广东戏曲种类与艺术
赣江好戏：江西戏曲种类与艺术

传统美德
君子之为：修身齐家治国平天下
刚健有为：自强不息与勇毅力行
仁爱幸悦：传统美德的集中体现
谦和好礼：为人处世的美好情操
诚信知报：质朴道德的重要表现
精忠报国：民族精神的巨大力量
克己奉公：强烈使命感和责任感
见利思义：崇高人格的光辉写照
勤俭廉政：民族的共同价值取向
笃实宽厚：宽厚品德的生活体现

历史长河
兵器阵法：历代军事与兵器阵法
战事演义：历代战争与著名战役
货币历程：历代货币与钱币形式
金融形态：历代金融与货币流通
交通巡礼：历代交通与水陆运输
商贸纵观：历代商业与市场经济
印纺工业：历代纺织与印染工艺
古老行业：三百六十行由来发展
养殖史话：古代畜牧与古代渔业
种植细说：古代栽培与古代园艺

强健之源
中国功夫：中华武术历史与文化
南拳北腿：武术种类与文化内涵
少林传奇：少林功夫历史与文化